オシムの言葉

木村元彦

この作品は二〇〇五年十二月、集英社インターナショナルより発行、
集英社より発売されました。
文庫化にあたり、第10章を書き下ろし収録しました。

オシムの言葉

ドラガン・ストイコビッチからのメッセージ

イビツァ・オシムは、私のキャリアの中でも最高の指導者のひとりだった。1990年のワールドカップ・イタリア大会をはじめとして数多くの成功を収めた代表チームを、実に長きにわたって率いた。

そんな彼の特徴を挙げるとすれば、それは、ユーゴサッカーに関する間違いのない無限の知識と、ベンチで采配《さいはい》を振るう際の冷静さ、と言えようか。

彼は、チームがどんな作戦のもとにプレーすべきかを、常に見抜くことができる、類稀《たぐいまれ》な戦略家でもある。

ピッチに立つプレーヤーから最大限の能力を引き出すことにかけても、抜きん出ている。彼に率いられたチームは必ずや、美しく、魅力的なサッカーを披露しつつ、素晴らしい成績をその手中にすることができる。

その雄弁さ、賢明さ、そして心理的駆け引きの偉大さに鑑《かんが》みても、世界屈指のコーチであることに間違いはない。

私に対して勝利へのとてつもない確実性と、プレーにおいての自由を与えてくれたことからも、彼の下で働けたことは本当に幸せだったと思う。

その後の私のキャリアの上でも、彼から学んだ多くのことは随分と助けになっている。

彼は偉大であり、また偉大であり続けるのだ！

ピクシー

Ivica Osim

Ivica Osim je jedan od najboljih trenera koji me je trenerao u mojoj karijeri. Vodio je dosta dugo nacionalni tim koji je bio veoma uspešan, pogotovu na SP 1990 u Italiji.

Njegove karakteristike su sigurno znanje fudbala i hladnokrvnost na klupi dok sedi.

Izuzetan strateg koji uvek zna sa kojom taktikom njegov tim treba igrati.

Osobina koja ga krasi je takodje da ume da od igrača izvuče maximum na terenu.

Svi njegovi timovi koje vodi igraju lep, šarmantan fudbal a u isto vreme postiže dobre rezultate.

Zaista spada u red najvećih trenera u svetu jer je elokventan, mudar i veliki psiholog.

Meni je bilo zadovoljstvo raditi sa njim jer sam osećao veliku sigurnost i slobodu u igri.

Mnogo sam naučio, što mi je kasnije još više pomoglo u karijeri.

On je veliki i ostaće veliki!

Piksi

ドラガン・ストイコビッチから送られてきたメッセージ。

目次 CONTENTS

分裂したユーゴスラビア

（国名後ろの数字は成立の年を示す）

プロローグ

サッカー王国静岡のすれっからしの記者たちのもたらすざわめきが、すっと引いていった。少し大股《おおまた》で会見場にイビツァ・オシムが入って来たからだ。教師がクラスに入って来た緊張感、一流のボードビリアンがステージに上がった際の期待感。そんなものが混然一体となって全体を包み込む。今日は何を、どう、話すのだろう。アウェイゲームを2－2のスコアで引き分け、ジェフ千葉はジュビロ磐田《いわた》を降《くだ》してヤマザキナビスコカップの準決勝進出を決めた。シーズン前には村井《むらい》、茶野《ちゃの》という先発メンバーが磐田に移籍し、このカードは因縁の一戦と謳《うた》われた。日本代表に名を連ねるふたりを引き抜かれての勝利。それでももう誰も驚かない。今年で3年目。この監督の凄《すご》みが十二分に分かっている記者たちは、それぞれに吟味した質問を放とうと準備する。

――オシム監督、まず今日の試合についての感想をお願いします。

スポンサーの商品が並べられた会見机を前に座ったオシムは口を開いた。

「最初に私のほうから質問があります」

通訳の間瀬秀一《ませしゅういち》が間髪《かんはつ》入れずに、日本語を繰り出す。身構える。何だ？

「このテーブルに並んでいるクッキーは宣伝用？　それとももらって食べてもいい？」

笑いが弾けた。

「まあ、でも乾いたものばかり食べると喉《のど》が渇きますからね」

まずはスカされた。

今日はジョークから来た。さあ、この後はどんな「言葉」が出てくるのか。

Jリーグのオールスターサッカーのサポーター投票で監督部門第1位を独走する男は稀代《きたい》のアフォリストでもある。今日、オシムは何を言うのだろう。記者たちは心して次の発声を待つ。

第1章
奇妙な挨拶

「君たちはプロだ。

休むのは引退してからで十分だ」


食器の触れ合う音に、時折、談笑が重なる。ジェフユナイテッド市原がキャンプを張る韓国・海南のスポーツシューレ。食事会場となっているバンケットルームの扉が突然開いた。夕食をとっていた選手たちが視線を向ける。クラブ職員が立っていた。

「新監督が到着されたので紹介する」

選手たちが持った第一印象は、大きな人だな、だった。

191cmの長身が、そこにいた。

登場の仕方からしてミステリアスだった。

2003年が明けてもジェフの監督はまだ決まっていなかった。すでに開幕まで3カ月を切り、指揮官が定まっていないのはJリーグでただひとつ。他チームが、すでにキャンプ前から準備に入っている中、ようやく決定の報が入ったのが1月中旬。そしてこの2月の韓国キャンプでいきなり合流という運びであった。この時、選手たちはイビツァ・オシムという人物を誰《だれ》も知らなかった。

新しい監督と選手との初顔合わせ。通例通り、監督から選手に向けての挨拶《あいさつ》を、という流れになった。

MFの佐藤勇人《さとうゆうと》は、この監督は所信表明に何を話すのだろう、と見ていた。共に戦おう、か、あるいは君たちは覚悟して欲しい、か。いずれにしても自分を理解させるために、あるいは舐《な》められない威嚇《いかく》のために、新しい指揮官の第一声は少し長い演説になるのが常である。

ところが、オシムは今まで接してきたどの監督とも異なる行動を取った。

通訳を介してスピーチを求められると、身構える選手を前にひょいと右手を軽く振ったのだ。

「ああ、そんなものはいい。いらない」

スタッフを尻目《しりめ》に、選手のテーブルに近づくと、裏返した拳《こぶし》でひとりひとりの食卓をコンコンと、2回ずつノックをして回り始めた。1周すると自席について食事を始めた。

何ダロウ、コノ人？

絡みにくい、摑《つか》み所のない監督が来たなというのが勇人の第一印象だった。

勇人はプロになるまでに2回サッカーを辞めていた。

自らの才能に疑問を持ったからではない。それどころか、同じ世代には絶対負けないという自負があった。しかし他人《ひと》からサッカーだけの人間だと思われることが嫌だった。

そしてそれ以上にそういう考えを否定する指導者も嫌だったのだ。10代特有の自意識から、ブレスレットやネックレスを身に着けて髪を茶色に染めていた。するとあいつはダメだ、使えない、と言われた。プレーの質とは関係ないところで評価されることが、我慢できなかった。元来は気さくで純な性格だが、口下手で人づきあいがあまり得意ではない。

自分は指導者とは合わない人間だ。

理解してくれないコーチの下で練習することに比べて、街や海には魅力がありすぎた。人生はサッカーだけじゃない。高校2年時にはスパイクを脱ぎ、勇人はゲーセンやサーフィンに嵌《はま》った。楽しかった。

それでも国体前になると彼の才能は千葉県から必要とされた。熊本国体の代表に招集されて、キャプテンに任命されたのだ。

肩まである長い髪は潮ですっかり脱色していた。異様な風体の勇人を見て、後に仲良くなるチームメイトをして「ひと目見て、お前とは絶対サッカーをしたくなかった」と述懐させるほど、当初は浮いていた。

天皇を招いて行われる国民体育大会は、日本のスポーツ界で最も古色然としたイベントである。勇人はコーチから真っ黒の染髪スプレーを頭にかけられてピッチに送り出された。

千葉は勇人の活躍もあり、勝ち進んだ。決勝の相手はサッカー王国静岡であったが、この強敵を6－0で破って優勝してしまう。ホームステイ先の人とも喜び合い、ひと時、勇人は感激に浸った。

キャプテンまで務めて栄光を勝ち得た国体だったが、それが終わるとまた後は、退屈な日々が待っていた。

高校3年の12月。当時全日本ユース代表監督の西村昭宏《にしむらあきひろ》（現セレッソ大阪GM）が代表に招集をかけようと勇人の携帯に電話をかけた。佐藤勇人はぜひとも必要な戦力だ。

すると、

「僕、もうサッカー辞めたんです」とのくぐもった声が受話器から這《は》い出てきた。

驚いた西村が、「何か後ろがうるさいけど、お前、今、どこにいるんだ」と問い返す。

勇人は嘘《うそ》がつけない。「はい、日焼けサロンです」と答えた。

さすがの西村もこれには絶句するしかなかった。

それでも流されるように3度サッカーに戻って来た勇人はトップチームに昇格する。

ザムフィール、ベルデニック、ベングロッシュ、と歴代の名監督に徐々に使われだした。

ただ先発レギュラーに定着するまでには至っておらず、U－21代表に選ばれているにもかかわらず、彼は「サッカーはもういいか」と時に漠然と思っていた。

チームメイトは日本で中継されるヨーロッパサッカーを食い入るように見ていたが、勇人は興味を全く覚えなかった。彼は「サッカーを見るよりもサッカーゲームに興じるほうが全然好き」な青年だった。

イビツァ・オシムとの邂逅《かいこう》はそんな時だった。

スピーチはいらない、と言ったオシムは翌日からチームを鍛え始めた。演説は確かに不要だった。何も語らずとも初日からその方法論が彼の哲学を饒舌《じょうぜつ》に物語っていた。

怪我《けが》をしていて、別メニューをこなしていたMFの羽生直剛《はにゅうなおたけ》は練習を終えて宿舎に帰って来たチームメイトの表情を見て驚いた。

呼吸するのも大儀そうに疲労しきった顔で「あれ、ヤバイぜ」と口々に彼らは訴えた。

「あの監督、ヤバイぜ」

プロ2年目の羽生は前年の経験から、キャンプはゆっくりと入って徐々にコンディションを上げてゆくものだと思っていた。

ところが、この監督はやって来るなり、いきなりトレーニングペースをトップギアに入れている。いったいどんな練習をすれば、選手をここまで疲労させることができるのか。

オシムから徹底して繰り出された練習メニュー、それはどの選手もプロになってから経験したことのない、走りを中心に据えた激烈なものだった。3年目の坂本将貴《さかもとまさたか》はオシムをよく知る同室のスロベニア代表DF、ミリノビッチから、「彼に教われば若い選手はすごく伸びる。ただ、とても厳しい監督で、とにかく走らせる」と聞いてはいた。ところが実際はその想像をはるかに超えるものだった。

午前と午後の2部練習が常識となり、2時間ずつ、負荷の強いメニューが連日課せられた。休日は事前には知らされず、前日に告げられるのでいつになるのか分からない。当然のように選手からは、予定が立てられないという不満が起きた。

しかしオシムは「君たちはプロだ。休むのはオフになってから、あるいは引退してからで十分だ。シーズン中はサッカー以外のことなど考えるな」と取り合わない。練習試合で負けると、その試合に出ていたメンバーだけ残されて罰走が命じられた。

「ここは部活動かよ！　こんなんじゃJリーグ1年持たないぜ。選手が壊れるよ」とある選手はロッカーでぶちまけた。

ほぼ全員から不満が漏れた。チェコスロバキアを90年イタリアW杯のベスト8に導いた前任のベングロッシュが極めてソフトな監督であっただけに、その厳しさは余計に際立って受け取られた。

日本にプロフェッショナルとしてのサッカーリーグが誕生してすでに10年が経過。選手の意識も独立した個人事業主として固定されている。栄えあるJリーガーになったのだ。自分はもう大人だ。なぜ、再び高校時代のような厳しい走りを強要されなくてはならないのか。

「ナンダヨ、コノ監督」と呻《うめ》いても不思議ではない。

選手のみならずスタッフにとっても、オシムの言動すべてが未知の体験だった。前日にコーチ陣が「準備をするので明日の練習メニューを教えて欲しい」と尋ねると、「明日の準備をなぜ今日、聞くのだ」と反問された。彼は練習直前の選手の動きを見てからすべてを決めていった。

細かい引き出しは無数にあった。ある日、オシムは突然言った。

「今日はフルコートで3対3をやれ」

勇人は「この人、何を考えているんだ」と思わずごちた。ユース時代にもそんな練習をしたことはない。

マンツーマンで相手に付いてボールを奪うと、すぐに繋《つな》いでシュートまで持っていかなくてはならない。ボールを持ってから味方を探すとオシムは激怒した。ワンタッチで出せ、イメージを持って動け。

本来は敵味方20人が蠢《うごめ》く広大な空間を、3対3の6人が走り回る。一時でも足が止まる余裕はない。シュートが行けば、GKがキャッチしても、枠に行かなくても、すぐに新しいボールが出されてカウンターが始まる。攻め切れたか、と思った次の瞬間、ディフェンスのステップに切り替えてコースを絞らなくてはならない。

「もう、勘弁してくれ」と誰もが思った。走る力、走ろうとする意志がなければ、いかに技術のある選手でも存在をアピールできなかった。

オシムは選手が勝手にプレーを見切ることを嫌った。紅白戦の中で見事なパスを通した選手がいた。と、突然ゲームを止めた。

パスを出した選手が、そこで満足して歩いたことを指弾したのだ。

「出してから、さらにお前がこちらに流れれば、相手ディフェンスが釣られて出てくるだろう。そうすれば味方がもっと自由に動けるスペースができる。なのになぜ走らない！」

ボールを出してそこでミスがなければＯＫという感覚を絶対に許さなかった。問題あり、と思うシーンでは必ず中断して注意を促した。とにかく止まるな、ボールを動かしてさらに自分も動けと要求するのだ。

意図は分かる。監督の意図は分かるが、吐き気がするほど苦しい練習を課す相手にすぐに従順になれるほど、人間は素直な動物ではない。理詰めで説得されて、動くほど単純な生き物ではない。勇人はこう思っていた。

「ちょっと勘弁して欲しいな。これでうまくいくのかな。その前に選手が潰《つぶ》れちゃうんじゃないかと思っていました。まあ怪我人が思ったほど出なかったのには、正直ビックリしましたけど」

羽生にしても「選手に対する指導の言葉もきついし、ぶっちゃけ『何だよ』という感じでした」。

最初の説得力は、結果だった。

それまでのジェフは、練習試合でも格下の相手に苦戦することが珍しくなかった。大学生やJ2のチームを相手に力の差を見せ付けることができずに、タイスコアで90分が終了したり、時には敗戦を喫することすらあった。

ところが、この年はプレシーズンマッチに入ると、ほとんどの相手に勝つことができた。

「強くなっているんじゃないか⁉　自分たちは」。前年度はリーグ戦7位に終わっていたチームに大きな戦力補強はなかった。それでも試合になれば練習で身に付けた圧倒的な走力を下支えに相手を寄せ付けない。

向かっている方向は間違っていない、という意識が選手の中に芽生えて来た。

その上でオシムは走る練習を加速させていく。3月15日に行われるナビスコカップ直前の練習では、3組に分けてのミニゲームを多用し、出番を待つ組には徹底して走り込みをさせた。この日、姉ヶ崎の練習場では歩いている者は誰ひとりとしていなかった。

段階を経ると、それまでの常識を覆すような練習が繰り出されて来た。

オシムは言った。

「2チームに分かれてハーフコートで1対1をやれ」

選手は言われた通りに1オン1を始めた。しばらくすると、力の差が出て片方の選手が押されて来た。成り行きを漠然と見ている両チーム。するとオシムはいきなり、負けている選手のチームに向かって言った。

「お前ら、なんで助けに行かないんだ!」

「?」言われた意味が分からない。監督は1対1をやれと言ったのではないか? 「1対1で攻めきれずに苦しんでいるのなら、サポートに行って2対1にすればいいじゃないか」

日本的思考でいけば、監督の最初の指示に従っているのだ。だいいち、1対1で助っ人が入ったら、フェアーじゃない。

ところがオシムは、実戦で1対1が5秒も6秒も続くシチュエーションはない、なぜ指を銜《くわ》えて見ているんだと言う。漫然とメニューをこなすな、自分でも考えろ、と言う。

慌てて今度は2対1でやる。

「ディフェンスがもし点を取られそうになったら、守っているほうも負けずに助けに行けよ」

最終的には5対5、6対6というように、人が増えていく。

と、またオシムは言った。

「このスペースでやっているのに6人も7人もいたらコンビネーションも何もできないじゃないか。そうしたらディフェンスが有利になるから、今度は攻撃は行かなきゃいいんだ」

眼前のワークに集中するだけではなく、その意図も考えなくてはいけない。理解さえできていれば、やってはいけないことは何もなかった。最初にパスを足元に入れて始めろ、と言われても、裏に出したほうがうまくいく場合は、そちらを選択してもオシムは何も言わない。

むしろ相手のウラをかくための創意工夫をしないと練習は滞る。

オシムがJリーグで指揮を執った記念すべき第1戦は、2月23日に行われた千葉ダービー。柏レイソルとのちばぎんカップだった。

試合前、またもサプライズがひとつあった。オシムは21歳の阿部勇樹《あべゆうき》をキャプテンに指名したのだ。16歳10カ月で当時のJリーグ最年少出場記録を作った阿部は、周囲を引っ張ったという経験がない。Jリーグ開幕時からの生え抜きである中西《なかにし》や武藤《むとう》、闘将チェ・ヨンスやW杯戦士ミリノビッチらがいる中での突然の大抜擢《だいばってき》に、本人も周囲も驚きを隠せなかった。試合は2－1でジェフが勝った。

「今日、唯一良かったのは
全員が最悪のプレーをしたという点だ」

リーグが開幕した。緒戦で東京ヴェルディを2－1で破り、2節の大分トリニータ戦も4－0で勝利を手中に収めた。

開幕2連勝。上々の立ち上がりとメディアは讃《たた》え、トリニータの小林伸二《こばやししんじ》監督も「J1昇格後、最も戦慄《せんりつ》を覚え、影響を受けた試合はジェフとの一戦」と振り返る。

しかし、オシムは満足していなかった。

「大分には偶然に勝ったに過ぎない。立ち上がりに2点、たまたま点が入った。だからその後コントロールができて4－0になったが、決して周囲が賞賛するようないい状態ではなかった」

状態は決して良くない。それだけではなくチームがまだ目指す方向を向いてはいない。なぜか。預かった選手の年齢構成や特性をキャンプから観察し、すでにその分析は済んでいた。その上で次に着手すべき行動のタイミングを考えていた。

翌3節。ヴィッセル神戸戦。予想したかのようにホームで0－3で完封負けを喫すると、オシムは今、と判断した。

この試合後の会見で意味深な発言をしている。

「2連勝して選手は自惚《うぬぼ》れてしまい、傲慢《ごうまん》なプレーをしてしまった。今日、唯一良かったのは全員が最悪のプレーをしたという点だ」

4月19日。万博記念競技場でのガンバ大阪との試合前、ベンチスタートのイメージを持って来阪していた勇人は突然、羽生とともに先発出場を申し渡された。

「えーっ、何も聞いていないよ!」

オシムは練習試合でも公式戦でも出場選手をいつもゲーム直前に言い渡す。この日もそうだった。

ここ数年ジェフを支えて来たふたりのベテラン選手に代わって起用されたのは、まだ先発出場経験のなかった21歳の勇人(170cm)と23歳の羽生(166cm)だった。勇人は「自分はまだ経験がないからとにかく走ろう」と決意してピッチに飛び出して行った。

この起用は当たった。

前半29分には勇人が、同じく44分には羽生がゴールを決めた。勇人はボランチの位置から積極的に飛び出し、羽生はトップ下で働き蜂《ばち》のようにクリアボールを拾いまくった。

オシムは述懐する。

「ジェフに初めて来た時、技術のあるいい選手がたくさんいた。そう、名前は挙げないがひとりではいい選手がたくさんいた。ただ、そういういい選手がひとつのチームに固まっていたら、チームは成り立たない。誰が彼らのために走るのか？　近代サッカーにおいて走らない選手、足の遅い選手は、年齢に限らず、もはや使えない。私がかつてパナシナイコス（ギリシア）やグラーツ（オーストリア）でやって来たことも同じだが、クラブの将来を視野に入れて、起用を切り替える。勇人はサテライトの試合を見に行った時に、すぐに見つけることができた。彼は技術に問題はあった。しかし、気持ちが入って、走っていた。戦っていた。当時はチェ・ヨンスもサンドロもいて、攻撃のタレントはいたが、受身に回った時にやられる傾向があった。大分での勝利は偶然に過ぎず、私はこのままでは手詰まりになると考えて判断を下した。次の神戸との試合で0－3で負けて、切り替える良いきっかけとなった。大切なのは、勝った試合で浮かれることではなく、何が良くないかを見極めることだ」

勇人はユース時代から自信がある分、プレーをシンプルにやって見せる癖があった。中距離のダイレクトパスなどを簡単に叩《たた》くと、ロングの茶髪にピアスという外見も影響するのか、コーチからは、お前は手を抜いている、とよく叱責《しっせき》されていた。不本意ではあったが、あえて反論もせずにいた。当然モチベーションは下がる。しかし、オシムは勇人の個性を看破していた。

初先発で得点を決めた羽生と勇人。メディアは初々しいヒーローの誕生に、試合後さっそく彼らを取り囲んだ。

しかし、ふたりの口からは反省の弁しか出て来なかった。

羽生は「自分はゴールしか評価できません。アピールしたかったのですが、ミスが多くて納得できません。もっと頑張らないと……」。

勇人は「トップの試合で初めて点を取っても、他のチャンスに決められなかったことのほうが残念です」。かつてサボりと遅刻の常習と言われた男は「ゴールに絡めるようにもっともっと練習します」。悔しさを隠そうともせず、精進を誓った。

オシムのメディアに対する見解。

「勇人が記者に囲まれているのを見ると、私は頭が痛くなる。若い選手が少し良いプレーをしたら、メディアは書き立てる。でも少し調子が落ちて来たら、一切書かない。するとその選手は一気に駄目になっていく。彼の人生にはトラウマが残るが、メディアは責任を取らない」

報道する側に苦言を呈すると同時に、取り上げられる側にも謙虚さを求めるこの言葉を、直接選手に伝えたわけではない。それでも意志は統一されつつあった。

試合は3－3の引き分けに終わったが、以降、このふたりはジェフになくてはならない戦力として存在してゆく。

5節よりジェフの快進撃は再び始まった。リーグ戦に入ってもハードな練習は容赦なく続いていた。土曜日に公式戦があるにもかかわらず、水曜日には練習試合が組み込まれるのだ。それでも、いや、だからこそ、結果は出続けた。横浜F・マリノス3―1、京都パープルサンガ（現在は京都サンガF.C.）5―1、セレッソ大阪3―1。

8節の名古屋グランパスに1―2で負けた後に、会見でこんなやりとりがあった。

オシム「うちの中盤はよく走る。ただ、そろそろ走れない時期に来ているのかもしれない。もっとアグレッシブにプレーする必要があるし、さらに言えばリフレッシュが必要かもしれない」

2月から休みなく走り続けて、さすがに疲労が溜《た》まっているのではないか。珍しくリフレッシュなどという言葉を紡ぐ監督に記者は聞いた。

――それでは、そろそろ選手を休ませるのか？

間断なく答えた。

「休み？　ないよ。もっと練習してもらう」

絶妙の間合いに爆笑する記者席を見遣《みや》りながら、続けた。

「どうして勝利できなかったのか、練習で追究させる必要があるからね。今のジェフは上位に行けるチームではないし、それを把握しながら戦っていくことが大事だ。本当に強いチームというのは、夢を見るのではなく、できることをやるものだ」

名古屋に敗れた後は、鹿島アントラーズに2―0で勝利、FC東京には0―0で引き分けた。ジェフは6勝2敗2分の好成績でファーストステージの中断時期を迎えた。

「しっかりとしたチームを作りたい。そこから先、勝てるかどうかは、相手チームに聞いてみましょう」

この頃《ころ》になるとチーム内の雰囲気はシーズン前と大きく異なって来た。確固たる自信が選手に根づいていった。同じ90分の中で相手と自分たちのどちらが終盤になっても走っていられるか。まず走り負けない。そこでは絶対に負けないという自信。

勇人には、前半がドローでも後半になれば絶対に勝てるという確信が出てきた。後半終了間際になっても動けている自分が、嬉《うれ》しかった。以前は先の展開が見えてくるとなるべくリスクを避けて動こうと思っていたが、むしろ勝っている時は積極的に前に上がって叩き潰そうと考えるようになった。トップチームに昇格してもサッカーに執着はなく、いつ辞めてもいいやと考えていた男が、初めてポジティブに自分の人生にサッカーをシンクロさせたのだ。

ファーストステージ中断中のキャンプで、オシムはまた独自のメソッドを展開する。

６日間で45分ハーフの試合を12試合こなさせた。負荷の強さもさることながら、ユニークだったのはそのメンバー構成だった。ポジション、年齢、レギュラー組、サブ組、それらを一度シャッフルして再構成されたチームを作り上げて戦わせたのだ。ＤＦの茶野がボランチに入り、羽生がＦＷを務める。キャプテンの阿部勇樹と第３ＧＫの岡本昌弘《おかもとまさひろ》が同じチームに入れられているのを見て、番記者たちは「今、出ているのはレギュラー組ですか、サブですか？」と広報に確認するほどに混乱していた。しかし、それこそが目的だった。

ゲーム形式で負荷をかけて走力を蓄えさせるだけでなく、一切の先入観を排して選手を観察した。

チーム内の競争は激化し、少しばかり足が痛いからといって休む、という意識は払《ふっ》拭《しょく》されていった。

７月５日にリーグが再開されると、まるで想定済みだったと言わんばかりに、このキャンプで試行された練習の成果が即座に出た。千葉ダービーで２−０で柏レイソルを退けた後のベガルタ仙台戦。ボランチの阿部と佐藤勇人がそれぞれ累積と怪我で出場ができなくなった。攻守の要となるふたりが出られない。この重要なポジションをいったい誰がやるのかと注目を集めたが、オシムは右サイドハーフの坂本とＤＦ茶野を置いた。本来の仕事場所とは異なる起用。しかしふたりは高い質のプレーで見事に期待に応《こた》え、

4－1で勝利を収めた。

選手層が薄いとも指摘されるジェフにおいて、複数のポジションができる選手を発見する、あるいは作り上げることは急務でもあったが、戦いの流れの中で、それを成し遂げていった。

12節が終了したこの時点で、ジェフは8勝2敗2分で首位に立っていた。

メディアは過去、降格争いの常連であったジェフの突然の躍進に注目し始め、取材に訪れるマスコミの数は急増しだした。

かつて見たこともないほどの数の記者が溢《あふ》れ返る仙台戦後の会見場で、質問を受ける。

「監督はメディアも増えたこの優勝争いを楽しんでいるように見えますが」

またしても顔色変えずに答えた。

「いや、全然楽しくない」。爆笑。

「本当だ。マスコミはゼロのほうがいい。私は日本語も分からないし、通訳も訳すのが大変そうだ。そもそも記者会見がうまくいっているかどうかも分からない」

席を立ち上がり、去り際にこんな言葉を追加した。

「皆さん、ウチが負け始めたら、どうか静かにしておいて下さいね」

記者席から笑いと同時に、大きな拍手が沸《わ》きあがった。素晴らしいサッカーを司り、勝者となった監督への賛辞、そしてその巧みなスピーチへの賞賛だった。

オシムのエスプリとウイットに富んだ受け答えが、耳目を集め始めた。

初代スロベニア代表監督であり、当時のグランパスの指揮官であったズデンコ・ベルデニックはオシム来日と同時に私に向かってこう予言していた。

「当初はユーモアの鎧《よろい》を纏《まと》ってはぐらかされているが、日本人はやがてオシムがどれほど偉大な監督であるかに気がつくだろう。ヨーロッパでは本当のユーモアは知性とも同義になる。気がつくはずだ。オシムの言葉の、面白みだけではないその内実の深さにね」

最初に気がつきだしたのは、言葉を真っ先に受け取るスポーツ記者たちだった。

「ベテランとは第二次世界大戦の頃にプレーしていた選手」２月23日・ちばぎんカップの試合後。

「サッカーとは危険を冒さないといけないスポーツ。それがなければ例えば塩とコショウのないスープになってしまう」３月22日・東京ヴェルディ戦後の会見。

「レーニンは『勉強して、勉強して、勉強しろ』と言った。私は、選手に『走って、走って、走れ』と言っている」４月25日・練習後。

ソビエト連邦が崩壊して12年、ロシアのマルクス主義者の言葉から援用するサッカー監督は世界中で彼だけだろう。

「皆さんも新聞を読む時に行と行の間、書かれていない部分を読もうとするでしょう？

サッカーのゲームもそのような気持ちで見て欲しい」4月29日・京都戦後の会見。

「勝ち負け以上に大切なもの？　サポーターや記者の皆さんに、しっかりしたサッカーをやっているチームがここにあるということを分かって欲しい。例えば5勝したとしよう。でも、全部1－0で内容も悪ければ、サポーターは決して競技場に来ないだろう。だからこそ、しっかりとしたチームを作りたい。そうすることで観客数も増えると思う。そこから先、つまり勝てるかどうかは、相手チームに聞いてみましょう」同。

「我々には失うものはない。得るもののほうが多いはずだ。ただ、君たちにとって得るものが大きすぎるのも考えものだな（笑）。サッカーの試合とは絶対にひとりでは成立しない。君たちの人生も同じじゃないか」5月23日・練習後のミーティングで。

「残念なことに7、8日は休みを与える（笑）。ただ、忘れないで欲しいのは、休みから学ぶものはないという点」5月24日・FC東京戦後の会見。

「ライオンに追われたウサギが逃げ出す時に、肉離れをしますか？
　準備が足らないのです」

サッカーをモチーフに、時に自分の哲学を語る。プレーや試合についての言及が結果として深遠な人生の真理を突いている。その普遍的な言葉は聴く者の胸に素直に染みる。

「市原の監督の言葉は深いぞ」

会見や囲みの取材でオシムが紡ぐ言葉は、発信される度に大きな話題となっていった。

この現象にクラブ側も注目した。

ジェフは日本代表選手を抱えるわけでもなく、お世辞にも話題が豊富なクラブとは言えなかった。

そこで「オシム語録」と銘打って幾つかの発言を採録してクラブのホームページにアップし始めた。

すると瞬く間にアクセス数が1万件を超えた。

勇人がハッとしたのは、次の言葉をチームメイトから伝え聞いた時だ。

――あれ、これ、勇人のことじゃないか？

「ライオンに追われたウサギが逃げ出す時に、肉離れをしますか？　要は準備が足らないのです」

怪我をしていた勇人は、ああ、俺《おれ》のことを見てる、なるほど、うまいことを言うなあと感じ入った。

ジュビロ磐田、鹿島アントラーズが足踏みを続ける中、開幕前に誰ひとりとして予想をしなかったジェフの凄《すさ》まじい快進撃に対して新聞から賞賛が溢れ始めた。

「オシムマジック」「平均年俸1400万円集団の奇跡」「古河時代以来、18年ぶりの優勝へ」

しかし、オシムの胸中は持ち上げる周囲の状況に煮えたぎっていた。

ジュビロ磐田との首位決戦を翌日に控えた7月19日、こんな事件があった。練習場でドイツ語に堪能《たんのう》らしい女性ファンが駐車場に向かうオシムに声をかけた。

——監督、趣味の料理は最近やっていますか？ 日本のスタジアムはどうですか？

「最近、グーラシュ（肉の煮込み料理）を作ったよ。あとひと月はひとり暮らしだ。まだ自分で作ったり、外食せねばならない。日本のスタジアム？ グラーツのほうがいいな。ピッチとスタンドがひとつになれる。うちはスタンドがピッチから遠すぎる。サッカーは観客も含めて初めてサッカーなのだから。でもカシマの雰囲気は欧州でも屈指だろう……」

——ジュビロ戦は福西《ふくにし》が出ないのでアドバンテージになるのでは。

「うちも中西が出ないぞ。ジュビロは福西が抜けたところでジュビロのままだ」

笑みを絶やさずに丁寧に受け答えをする老指揮官だったが、別れ際に女性が「優勝して下さいね」と言った途端、突然キレた。

「それは間違っている！ どうしてうちが優勝するんだ？ ええ？ うちは今年補強したか？ チェもジェレ（ミリノビッチ）も、もう3年いる。猛練習？ そんなものはどこでもやっている。最近、選手に周りが期待し過ぎだ。昨年と同じメンバーでしかも怪我で3人失っている。浮かれていると、後で失望が大きいだけだ！」

あまりの豹変《ひょうへん》ぶりに戸惑う女性に、最後は「ではまた」と笑い返して車に乗り込んだ。


7月20日第13節。ジュビロ磐田との戦いは文字通り死闘となった。

試合前、オシムはこう言って選手を送り出していた。

「ジュビロはJの中でナンバーワンのチーム。だから、そこに負けても恥ずかしいことではない。まずは、自分たちのサッカーを思い切ってやろう。負けてもいいから」

負けてもいい。

厳格な監督がホッと漏らしたその言葉が「優勝」という未体験の領域に挑もうとする選手を呪縛《じゅばく》から解き放った。

序盤は試合巧者ジュビロがゲームを支配した。

藤田《ふじた》、名波《ななみ》、服部《はっとり》、西《にし》、Jリーグ屈指の中盤が高速でパスを回す攻撃は多彩だった。

左サイドの山西《やまにし》が抉《えぐ》って来るかと思えば、外に振っては服部が中央突破を敢行する。ジェフは立ち上がり、圧倒的にボールをキープされつつも運動量で対抗した。ディフェンスをタイトに固め、一旦《いったん》ボールを奪うと鋭利にカウンターを仕掛ける。まるで地面から人が湧き出てくるかのように2、3人と躊躇《ちゅうちょ》なく攻め上がって行く。一旦、攻撃が切れると素早くディフェンスに舞い戻る。攻守の切り替えは、瞬時にそしてスムーズに行われた。

勇人は中盤の底から幾度も駆け上がっていく中で、フルコートでの3対3はこういう意図だったのか、と思い描いていた。

プレーを止めるな、リスタートは速くしろ、と監督は言い続けた。「味方が動き出していないので、出せない」と反論しても、「それでもいいから出せ」と怒鳴った。それでいいのか、と皆は言った。

けれど、この爽快感《そうかいかん》は何だ。

マイボールになってからの判断のスピードが、自分でも驚くほど速くなっていた。目的が明確ならどこまででも、いつまででも自分は走れる、労は厭《いと》わない。

サッカーは美しく、こんなにも楽しいものだったのか。

前半27分に、セットプレーからこぼれたところをグラウにヘディングで決められるが、負けているという意識は全くなかった。

ハーフタイム。オシムは「考えすぎるな」と指示を出した。

「困難なゲームだが、まず相手を捕らえよう。セットプレーから点を失うことは絶対にダメだ」

前半と後半の端境期《はざかいき》、オシムは時に選手を名指しで叱《しか》り、時に君たちはできる、と鼓舞してモチベーションを上げる。ロッカーに現れてからは、話を間断なく続ける。

ロッカーアウトの時間になっても「大丈夫だ。お前らが出て行かないと、試合は始まらないんだから」と豪気に言い放つ。

オシムはこのハーフタイムでピッチ上では見えない選手の心理状態を可視に変える。「試合中のロッカールームでは様々なものを見ることができる。そこでの選手の仕草や言動は、その時の気持ちを何よりも正直に発信しているのだから」

後半は、それまで坂本と勇人が担《にな》っていたジュビロのキーマン、藤田のマークを坂本ひとりに任せ、勇人はボランチの服部に付くことで、より前に飛び出して行くことが確認された。

開始早々、ボールが左サイドにいた羽生に渡った瞬間、勇人は前線に向かって爆発ダッシュを敢行した。長い距離を上がり、フリーのままクロスに合わせるとボールは枠に向かってすっ飛んでいった。これはGKヴァウンズワムに好捕されたが、リスクを恐れぬランニングは攻撃にリズムをもたらした。

50分、勇気ある坂本の突入が、好機を呼び込んだ。エリアで倒されてもらったPKを、チェが落ち着いて左隅に流し込んだ。1－1。

同点になったことで猛暑の中の戦いはますます激化する。ジェフの攻撃意識は研ぎ澄まされ、グラウのマークという大役を背負ったストッパーの斎藤《さいとう》までもが、チャンスと見れば相手ペナルティエリアへの侵犯を繰り返した。

困難に対して考えることなく、攻守が入れ替われば、黄色のユニフォームを纏った戦士たちは自らの意志で2列目、3列目から津波のように相手陣内に押し寄せた。

75分、サンドロが飛び出してついに勝ち越す。しかし、ジュビロも前年の王者。その1分後、ジブコビッチが上げたクロスに前田《まえだ》が合わせて、2－2。騒然とする場内では、今、目の前で行われている試合が、間違いなく今年のベストマッチであるという確信が広がり始めた。その証拠にサポーターが燃える。チャントやコールが活性化する。

互いに引こうとせず、アグレッシブに打ち合うスペクタクルな戦いは終わりが来ないかのような錯覚さえ起こさせた。

ロスタイム、オシムは羽生に代えて山岸《やまぎし》を投入する。U－20代表に名を連ねるサイドアタッカーは、ピッチに降り立つや、すぐさま突破を図り、右からの扉をこじ開けた。

これを見た勇人は最後の力を振り絞って、攻め上がった。溜《た》まった乳酸で筋肉は縮み、血管は押し潰される。疲労は極限に達していたが、再び長い距離を走破してペナルティボックスに入り込んだ。

来た！　足元に山岸からの絶妙のクロスが届けられた。フリーだ。ただヒットすれば勝利が来る。同時に優勝をほぼ手中に収めることができる。足を振る。決まったと思った。

しかし。ボールに触りながらも、軌道は定まらなかった。

黄色い悲鳴と水色の安堵《あんど》の叫び。勇人は責任の重さと悔しさに天を仰いだ。

ホイッスル。死闘は終わった。


ジェフというチームにとっては初めて経験する報道陣の数。ごった返す会見場でオシムはまた煙に巻いた。

――ハーフタイムに何を伝えたのか？

「0－1でうちが負けている。それ以外に何がありますか？」

――引き分けという結果についてはどう考えますか？

「魚でも肉でもない」

――現在、勝ち点差で2試合を残してまだ首位にいます。気分はいいですか？

「ではジェフが首位にいると困りますか？」

こんなやりとりもあった。

――○○がミスをしましたが。

質問の意味を汲《く》み取ると、オシムは即座に返した。

「あなたは今までミスをしたことがありませんか？」

怒らせてしまったか。緊張した空気が瞬間、会見場に流れた。

——……あります。

「人間は誰しもミスをしますよ。選手もミスをします。私だってミスを犯します」

とうとうと諭すように話しかける。もっともな説話に場内は静まる。

「しかし一番ミスをするのは……」、ここで一拍置くと、笑って言った。

「プレボディラッ！」

「通訳だ！」

当の通訳にそう訳させている諧謔《かいぎゃく》味。爆発した笑いは止まらない。よく言うドカンと来たというやつだ。

選手個人のミスをメディアの前で庇《かば》い、質問者を牽制《けんせい》する。その上で洒脱《しゃだつ》に笑わせて、雰囲気を柔和に戻す。

緊張と緩和を操《あやつ》り、優勝を占う大一番の直後、大勢のベテラン記者を相手に会見を意のままにコントロールした。

「新聞記者は戦争を始めることができる。意図を持てば世の中を危険な方向に導けるのだから」

ミックスゾーンにいた勇人は、悔しくてたまらなかった。そこに記者が話しかけた。

「監督に、最後の佐藤のシュートが残念でしたね、と聞いたんだよ。そうしたら、『シュートは外れる時もある。それよりもあの時間帯に、ボランチがあそこまで走っていたことをなぜ褒《ほ》めてあげないのか』と言われたよ」

全身が痺《しび》れた。この人はどこまでも自分たちを見ていてくれる。その上、選手を横一線で見ているのだ。

試合前にはこんな場面に遭遇していた。チームの得点王であるFWのチェ・ヨンスはアンタッチャブルな存在だった。歴代の監督も彼は点さえ取ってくれればOKという部分があった。ところがオシムは面と向かって、「守備をしないと、お前は使わない」と告げたのだ。

「ヨンスさんに向かって……。この人は本当にすっげえなあ」

7月26日、残り2試合。優勝という二文字をいやでも意識しなくてはならなくなったこの日、ジェフは清水エスパルスに0－3で完敗を喫する。自力優勝はついに消えた。

「サポーターがジェフを優勝できるいいチームだと勘違いしてしまったことが残念だ。ジェフはただのいいチーム。優勝するには何かが欠けている」

珍しく殊勝な会見後、出口で声をかけた。

――後半の24分、ボランチに望月《もちづき》を投入したわけですが、同じポジションの阿部を下げるのではなくて、代わりに斎藤を下げて、阿部をそのまま最終ラインに入れたのはなぜですか？

「本当は阿部を代えたかった。しかし、あの若さでうちのキャプテンであり、U－22代表でもある。ベンチに下げれば精神的なダメージが大きいだろう。代えないかわりにあの位置に下げた。阿部は今日は本当によくなかった。うちは思いがけず早い時間（前半開始3分）に失点してしまった。こうなると若く経験も浅い選手たちに過度の期待はできない」

――ハーフタイム時、他会場の結果はご存知でしたか？

「……知っていた」

――グラウンドではジャージ姿だったのに背広に着替えて来られたのは、敗戦を受けとめての正装ですか。

「いや、雨に濡《ぬ》れたから着替えただけだよ」。首をすくめた後で、老指揮官はいつになく厳しい口調でこんなことを言った。

「日本人は平均的な地位、中間に甘んじるきらいがある。野心に欠ける。これは危険なメンタリティーだ。受身過ぎる。（精神的に）周囲に左右されることが多い。フットボールの世界ではもっと批判に強くならなければ」

雨の雫《しずく》で濡れた横顔はつぶやく。

予算のない、前年7位のチームがよくぞここまで善戦した。あの降格争いの常連だった頃に比べれば本当に良くなった。そんな賞賛がいったい何だと。

オシムが監督に就任して、たった5カ月。ジェフは2003年シーズンファーストステージの紛れもない主役になっていた。

「勇人は本当に疲れていた。今までの疲労の蓄積だろう。巻《まき》にしても空中戦には強いところを見せてくれたが、まだエースの器ではない。林《はやし》も素晴らしい選手だが、90分出るには体力に問題がある」

「まだ」という言い方に、そのポテンシャルを伸ばすのは自分という確固たる自信が読み取れた。

翌日、姉ヶ崎の練習場で、トレーニングが終わるのを待った。駐車場に向かう途中、不躾《ぶしつけ》は承知でかねてからの疑問をぶつけた。

――あなたは、ご自分が紡ぎ出す言葉が、語録と称されて注目を浴びていることをどうお考えになっているのか。

しばしの沈黙の後、彼は言った。

「私は別にテレビやファン向けに言葉を発しているわけではない。私から言葉が自然に出てくるだけだ。しかし、実は発言に気をつけていることがある。今の世の中、真実そのものを言うことは往々にして危険だ。サッカーも政治も日常生活も、世の真実には辛いことが多すぎる。だから真実に近いこと、大体真実であろうと思われることを言うようにしているのだ」

——あの会見の言葉も？

じっとこちらを見つめて口を開いた。ミステリアスな監督が、ようやく漏らした本音だった。

「言葉は極めて重要だ。そして銃器のように危険でもある。私は記者を観察している。このメディアは正しい質問をしているのか。ジェフを応援しているのか。そうでないのか。新聞記者は戦争を始めることができる。意図を持てば世の中を危険な方向に導けるのだから。ユーゴの戦争だってそこから始まった部分がある」

150分の死闘となったアルゼンチンとの準々決勝。
ストイコビッチに指示を出す。© AFLO

第2章
イタリアW杯での輝き

「アイデアのない人間もサッカーはできるが、
サッカー選手にはなれない」

故郷が世界史の表舞台に初めて登場するのは1914年6月28日である。オーストリア皇太子フランツ・フェルディナントがセルビア人青年ガウリーロ・プリンシボフの銃弾に倒れ、これを契機に第一次世界大戦が勃発《ぼっぱつ》するのだ。世に言う「サラエボ事件」である。

オシムはボスニアの首都であるこの街に、1941年5月6日に生まれた。それはまさに激動の時代の最中だった。生を受けるちょうど1カ月前の4月6日、ドイツ軍がユーゴスラビアに侵攻したのだ。枢軸国はベオグラードを爆撃し、11日間で陥落させた。ボスニアは占領軍であるドイツとイタリアの傀儡《かいらい》国家「クロアチア独立国」に編入された。以降、この地ではドイツ占領軍とそれに抗《あらが》うチトー率いるパルチザン軍との戦いが延々と展開されるのである。

長い抵抗運動の末、オシムが4歳の時、サラエボは解放された。第二次大戦が終結し、独立したユーゴスラビアの建国とともにオシムは成長する。彼が暮らすボスニアは、過半数を占める同一の民族が存在しない多民族地域で、ユーゴの中で民族名を冠しない唯一の共和国だった。中でも首都サラエボは、セルビア・クロアチア・ムスリムの3民族が融和する多元主義精神の極めて発達した都市であった。

「彼の人格の形成にはそのサラエボ生まれであるということ、そして両親の影響が大きい。特に母親の存在が大きいのよ」

妻のアシマが、千葉県浦安市舞浜の自宅でそう語る。

オシムの母は得意の裁縫で家計を支える一方、子供に対しては非常に教育熱心な女性だった。

それは学習に対してだけではない。弱者に対する慈しみを持つことや異なる習慣や文化を持つ者を見下さず尊敬するようにオシムに説いた。

オシムは今でも石炭を見るのが大嫌いである。その理由は幼年期にある。

毎年大雪に見舞われるサラエボの冬は身も凍るほどに寒い。

そこで暖房燃料である石炭が各町村に配給される。とは言っても丁寧に宅配されるわけではない。役人の馬車や車がやって来てブロックごとに放り出し、野積みにして行き、そこから先は各家庭の仕事となる。

母はまだ幼かった息子に、この石炭を高齢者や戦争で負傷した障害者の家に運んであげるように命じた。氷点下を示す真冬、オシムは悴《かじか》んだ小さな手で黒く重い固形燃料を両手に持ち、何軒もの家に配り歩いた。

母の両親、すなわちオシムの祖父と祖母はそれぞれ南ドイツに移住していたポーランド人とチェコ人であった。それゆえか、母は厳格なだけではなく、スラブ独特のユーモア感覚を持ち、いかなる時もジョークを忘れぬ性格でもあった。このあたり、現在のオシムに繋《つな》がる。

オーストリアで出版された伝記『Das Spiel des Lebens』にはこんな話が残っている。オシム家の隣には大戦中の活躍が認められて出世した将校一家が住んでいた。ある日、母はこの将校の母堂と道で出くわした。

時候の挨拶《あいさつ》を「あら、お元気ですか？」とだけ聞けば良かった。しかし母は茶目っ気たっぷりに「あら、スターリンのママ、お元気？」と言ってしまった。特に他意はなく、偉い軍人の母なので、無邪気に冷やかしただけであったが、時代が悪かった。

1948年にスターリンとチトーは対立し、ユーゴはコミンフォルム（ヨーロッパ共産党情報局）を追い出されるのだが、この当時はまだソ連はユーゴにとってビッグブラザーだった。恩あるロシアの英雄に対して何たる不敬。

タブーを恐れぬギャグが密告され、母は2日ほど、拘置所に留め置かれてしまった。

戦後復興の貧しい中で、少年たちはサッカーに興じた。

ジェフ千葉のクラブハウスでのオシムの回想。

「サッカーを始めたきっかけなどという上等なものはない。それ以外にやることがなかったからだ。貧乏な家庭だったし、他のスポーツはカネがかかった。ボールは靴下を丸めたものだった。それをまた別の靴下に入れて、どんどん重ね合わせて上から縫いつけた。テニスボールで普通に試合をやったこともある。おかげですごい技術と感覚が身に付いたよ。まあ、サッカーをやるのは時間潰《つぶ》しでもあったんだ。本もないし、ラジオだって10軒に1軒の家庭にしかない。そんな中でボール1個で3時間はリフティングをやっていた。

サラエボ、あの複雑な歴史に彩られた地域……」

と言ってオシムは言葉を繋ぐ。

「歴史的にあの地域の人間はアイデアを持ち合わせていないと生きていけない。目の前の困難にどう対処するのか、どう強大な敵のウラをかくのか、それが民衆の命題だ。もちろんそれは物を盗むとか、人を騙《だま》すとかそんなことではない。今日は生きた。でも明日になれば何が起こるか分からない。そんな場所では、人々は問題解決のアイデアを持たなければならなくなるのは当然だ」

世界に冠たる軍事大国ナチスドイツを、知恵と勇気のゲリラ闘争で、唯一ソ連の力を借りずに自力で打ち破った東欧の国、その名はユーゴスラビア……。

「同時にサッカーにおいて最も大切なものもアイデアだ。アイデアのない人間もサッカーはできるが、サッカー選手にはなれない。でもアイデアは練習だけでは身に付かない。鍛えられない。バルカン半島からテクニックに優れた選手が多く出たのは、生活の中でアイデアを見つける、答えを出していくという環境に鍛えこまれたからだろう。さらに言えば……」

サラエボ、アイデア、そしてサッカーの相関関係を続ける。

「ある選手が、そういったアイデアを身に付けているかどうかは、サッカーのプレーを見なくても、普段からの言動を見ていれば予想できる」

——監督が鉄道員のクラブであるジェレズニチャルに入団したのはどんな理由からですか。

「ここ（クラブハウス）に住んでいて、そこ（眼前のグラウンド）にスタジアムがあったら、他にどこでプレーするんだ？」

——ご自宅が近くだったのですね。

「毎日練習も見に行っていた。ボールが飛んで来たらそれを持って帰って、何日かしたら返しに行ったりしたものだ」

オシムは13歳でジェレズニチャルに入った。最初の数週間、シューズを買うお金がなく、裸足《はだし》でプレーをしていた。練習試合でゴールを決めた時にユースの監督からスパイクをもらった。育成年代が現在のように細かいカテゴリーに分かれていたわけではない。

「今よりも全然いいサッカースクールだった。これをやれ、あれをやれという人間がひとりもいなかった。だから自分たちで好きなことを好きなようにトライしていた。ひとりの時はリフティングをして、ふたりになると1対1。4人で2対2。それもいろんなルールを決めて、勝手に始めた。勝手に始めたことで身に付いていった」

サッカー同様にオシムは学業も優秀な学生だった。特に数学に秀でていた。妻のアシマとの馴《な》れ初めも、知人の紹介で、オシムが彼女の数学の家庭教師をしたことがきっかけであった。

少女アシマは驚いたという。

無骨そうに見えた大男は難解な数式をものすごく分かりやすく、簡単に教えてくれるのだ。

「当時から人にモノを教える才に長《た》けていた」とアシマは回顧する。

母親はオシムを医師か大学教授にしたかった。実際、サラエボ大学から大学院に進んで数学の教授にならないかという誘いもあった。

それでもサッカー選手への道を選んだのは家庭の事情だった。

「ユーゴでプロリーグができたのが1963年くらいだったか。家族全員が父の年金だけで暮らしていくことはできなかったので、『それなら僕が何とか稼いで来る』と言って、サラエボのチームに入団したのだよ。そのチームが選手に払う奨学金は、父の年金の3倍だったからだ。その後、より多くの奨学金を払うというジェレズニチャルからオファーがあり、そちらに移籍したというわけだ。最初は大学に行きながら、プレーをしていた。専攻は数学。これはサッカーの役に立っていると思う。ロジカルに考える習慣がついた。誰《だれ》を誰のマークに行かせるか考えて、足したり、引いたりする。それでも最後は11人。面白いもので数学の教授というと皆、恐れるんだ（笑）。難解で怖いというイメージなんだろうな。でも私は友好的で、高校時代は数学のできない同級生を集めて教えてやったりしていたな」

――教えることがやはり好きだった？

「そういうわけじゃない。落第していこうとするクラスメイトを黙って見ているわけにはいかないだろう？　まあ、数学の教授にならずにサッカー選手になったのは私が人生で最初に冒したリスクだ。両親は大反対した。プロがどうなるかも分からないし、怪我《けが》をしたらそこでおしまいだから」

ジェレズニチャルは同じ共産圏に属していたチェコスロバキアのクラブ、オストラヴァと頻繁に交流があった。親善試合が行われる度にチェコの名産品クリスタルグラスとユーゴ製のスパイクが交換された。当時オストラヴァの攻撃的MFとして活躍していた現チェコ代表監督カレル・ブリュックナーはこの時のオシムを、背の高い、ユニークなFWとして記憶に残している。

プレーヤーとしてのオシムは「シュトラウス」の異名を取った。ウィンナー（ウィーン風）ワルツを完成させたヨハン・シュトラウス＝彼が作曲した3拍子のワルツを踊るかのように、華麗にボールを捌《さば》いたところから由来する。

ハンカチ1枚分のスペースがあれば、3人に囲まれても自在にキープできるドリブルの名手と謳《うた》われたが、反面、ボールを持ちすぎるとの批判もあった。

おそらくイビツァ・オシムの現役時代のユーゴでのプレーを唯一見た日本人であろう、山崎洋ベオグラード大学教授は、その感想を「オシムが持つと長いんだよ。球を離さないんだ」と述べる。

2003年の秋に亡くなったボスニアの名物アナウンサー、ミルコ・カミナーシェビッチは、

「オシムのキープはすごかった。ジェレズニチャル対ゼニッツァの中継で、俺《おれ》はこう実況した。オシムが持った、そのままドリブル、ひとりかわした、ふたり目も抜いた、またドリブル……。観《み》たままに伝えると翌日相手のサポーターから投書があった。『お前の実況通りに本当にオシムが走りまくっていたのなら奴《やつ》はとっくにピッチの外に出ているだろうよ』。でも本当にそれくらい、キープしていたんだ。以降、俺はこう言った。オシムが持った。それではリスナーの皆様、しばらくは音楽をお楽しみ下さい」

――以上の話をボスニアで拾って来ました。それくらい、監督はすごいドリブラーだっ

たわけですね。

言外に意図を含んでぶつけると、それを見抜いた老将は苦笑しながら言った。

「それはまあ、そう言われていたが……。ただその時の状況を説明させてくれ(笑)。理由があったんだ。その試合は2－1でジェレズニチャルが勝っていた。残り時間が5分になって、うちのチームでもう走れる選手はいなかった。時間を稼ぐために走れない奴らが皆、私にパスをして、『お前がキープしろ(笑)』。で、ドリブルし続けた。今ならコーナー付近でボールを持って体を張るけど、当時はそんなプレーができたんだ。しかし、確かに自分が監督になったら絶対ああいう選手は使わない(笑)。実際に今まで使っていない。やはり選手と監督というのは別のものだ。いい選手が監督になった時は、自分がいい選手であったことを忘れるべきだ」

オシムと日本との最初の縁は、東京五輪であった。ユーゴ代表として来日し、日本を相手に2ゴールを上げている。

「経路がベオグラード、アムステルダム、アンカレッジ、そしてトーキョー。あの時は長旅で疲れて空港からのバスの中でもう寝ていた。ようやくホテルに着いてベッドに横になったら地震があったので、それでまたびっくりして飛び起きた。チーム構成はセルビア、クロアチア、ボスニア、ほぼ全民族から来ていて、いいチームだった。ただ、スロベニアとマケドニアはいい選手がいなくて招集されなかったな。民族籍がどうだの、出身がどうだの、全く関係がなかった。日本については、来る前まで、箸《はし》で食事をするとか、どうやって座るかとか、ゲイシャがどうとか、そんな知識くらいだったが……」

この時に、生まれて初めてカラーテレビを鑑賞した。また農村をサイクリングしていると、村人に手招きされて梨《なし》を振る舞われた。見ず知らずの外国人をもてなしてくれるという日本人のホスピタリティに触れて感激し、親日家になったと言われている。


「いい林檎《りんご》が生《な》る年もあれば、不作の年もある」


当時の共産圏では一定の年齢になるまでサッカー選手の国外移籍は禁じられていた。ソ連とポーランドは30歳、ユーゴは28歳で解禁になった。オシムは１９７０年にフランスのストラスブールに渡った。その後の現役生活を辿《たど》ると72年にセダン、75年にヴァレンシエンヌ（いずれもフランス・リーグ）に移籍している。76年に再びストラスブールに渡り、２年後スパイクを脱いだ。現役生活は12年間で85得点。特筆すべきはイエローカードを１枚も提示されなかったことである。１９７８年にサラエボに帰って来た。

「フランスで生まれ育った子供が、母国語を忘れかけていた。これは良くないと思って帰ることにしたのだ。それが78年の６月だった」

この言葉からオシムの祖国に対する愛情が窺《うかが》える。収入から言えば、西側にいたほうが実入りは数十倍もいい。しかし、ユーゴへの祖国愛の深さが帰還を決意させた。

オシムの監督人生はここから始まる。

ジェレズニチャルがちょうど監督を探していた。1部に返り咲いたばかりの古巣は不安定な状態にあり、サポーターの支持を得られる人物が求められていた。彼はその意味で、これ以上ない人材だった。オシムはまだコーチライセンスを取得していなかったが、当時のユーゴリーグのルールでは、クラブ関係者がひとりだけベンチに入ることを許されていた。

戦況を見つめる現場の最前線に座りながら、ライセンス資格取得のための受講を始めた。

「そこでコーチ学として学んだことはほとんどない。トレーニング方法で言えば、教師がこういうメニューがある、と黒板に書いた段階ですでに過去のものになっている。練習メニューというものはそれだけ毎日進化し、変化するものだと私は思っている。コーチングスクールは、むしろ教育学や心理学、医学を学ぶところだな。酸素摂取量や怪我に関する知識を得て、現役時代に痛めていた箇所の納得がいったよ。

その意味ではコーチ研修は受講者自身に、『自分は何が欠けているか』を自覚させる手助けをする場所に過ぎない。学生に処方箋《せん》を与える場所ではないのだよ。研修は私がキャリアを積んでいく上で、手助けをしてくれたに過ぎないと思う」

オシムにとってコーチライセンスはさほど大きな意味を持たなかったようだ。レッドスター、パルチザン、ディナモ、ハイデュクと、大都市の4大クラブが栄華を極めていた中で、ジェレズニチャルはしばしば優勝争いに絡んでいった。地方の鉄道員クラブを率いての活躍は、中央であるベオグラードのサッカー協会を認めさせるに十分過ぎた。

レアル・マドリードで監督経験のあるミリヤン・ミラニッチ・ユーゴサッカー協会会長（当時）は、この時代のオシムを評して言った。

「彼は小さな環境からも大きな結果を引き出せることを証明してみせた。ジェレズニチャルという、選手を買うことも売ることもできないクラブで独自のチームスタイルを築きあげた。あの頃《ころ》からオシムとは、サッカーにおける偉大なる価値のひとつだった」

84年のロサンゼルス五輪代表監督のイヴァン・トゥプロク（FIFAコーチングスタッフ、後に平壌《ピョンヤン》で巡回コーチ）は迷うことなくオシムに声をかけた。

「手伝ってくれないか？　シュワーボ」

シュワーボ（＝ドイツ野郎）はオシムの愛称だった。ドイツ、シュワーベン地方からやって来たオシムの祖父に敬意を表して付けられたニックネームは、親しい間柄で長く使われている。

オシムを代表スタッフに引き入れた効果は即座に現れた。選手に対する心理的マネージメントの巧みさ、そして対戦相手を丸裸にする分析能力は、西海岸に乗り込んだプラーヴィ（青の意＝ユーゴ代表の愛称）の大きな武器となった。ロス五輪でのユーゴは、準決勝でフランスに敗れたものの、3位決定戦ではローズボウルの10万4000人の前でイタリアを退けて銅メダルを獲得する。

チームには、痩《や》せっぽちだが、とてつもない可能性を感じさせる19歳のMFがいた。オシムは、優れたテクニックを持ちながらエゴに走らず常にコレクティブ（組織的）なプレーを心がける彼を評価していた。

セルビア南部の町、ニシュから来たその少年は、ドラガン・ストイコビッチと言った。五輪後、オシムはジェレズニチャルの監督を務めながら、代表チームのスカウティングをも担当する。

メキシコ、コスタリカ、アメリカ、ナイジェリア、中国と5カ国の代表監督を歴任し、5大会連続でW杯出場を果たすという、世界でも稀《まれ》な偉業を成し遂げた知将ボラ・ミルティノビッチは、当時のオシムの調査能力に最大の賛辞を惜しまない。

「私の兄、ミロシュ・ミルティノビッチがユーゴ代表監督時代、イビツァ・オシムの情報ほど頼りにしていたものはない。彼は対戦チームの分析を完璧《かんぺき》にやってのけて助言した」

1986年にはついに代表監督に就任する。

まさに機は熟しつつあった、と言えば良いのだろうか。

オシムが代表の指揮官に就く時期をまるで待っていたかのように、ユーゴスラビアでは世界屈指の素晴らしいタレントたちが次々と芽吹いてきた。

チリ・ワールドユースMVPのロベルト・プロシネチキ、98年フランスW杯3位クロアチアのキャプテン、ズボニミエール・ボバン、レアル・マドリードを98年欧州チャンピオンズリーグ王者に導くプレドラグ・ミヤトビッチ、同じく93年CL決勝でバルセロナを手玉に取る悪魔のドリブラー、デヤン・サビチェビッチ、スロベニアの英雄ズラトコ・ザホビッチ、フランスW杯得点王ダボール・シューケル、名将リッピ率いるユベントスで中盤を支えたウラジミール・ユーゴビッチ、セリエAでFKのハットトリックというギネス記録を作ったシニシャ・ミハイロビッチ、欧州ゴールデンブーツのパンチェフ、さらにボグシッチ、ヤルニ、ヨカノビッチ、そして先述したストイコビッチ……。

「いい林檎が生る年もあれば、不作の年もある。サッカー選手も同様だ。あの世代、80年代の終盤から、90年初頭にかけてユーゴでは大きな才能たちが成長し、集《つど》った。守備の選手はそうでもないが、中盤からFWにかけてはもう最高の選手たちだった。確かに大豊作の年代だった」

バロンドール受賞者こそ出していない。しかし、後にこの世代の選手たちのほとんどが、W杯や欧州選手権、チャンピオンズリーグ等々、90年代のサッカーシーンで大きな成功を収めるのを凝視するにつけ、ひとつの国の同時期に集中した世界でも稀有《けう》な黄金世代だったと言えよう。

当時ユーゴスラビアスポーツ界には不文律の習慣があった。多民族連邦国家では、各民族の権益は輪番制の下で保障されていた。行政や企業のトップは持ち回りで運営される。セルビア人の任期が切れたらクロアチア人、続いてスロベニア人、マケドニア人というように。

代表チームにもそのような、ある種の「配慮」がなされていた。セルビア人を代表に招集し、セルビア共和国の首都、ベオグラードで国際試合を行う場合はセルビア人を代表に招集し、クロアチアのザグレブで行う場合はクロアチア人で過半数を占めるのが常だった。

そんな時代にオシムは、大胆極まる方法論で強化を図った。就任すると意地になったかのようにこの慣例の逆をやったのだ。

実力が同じなら開催地共和国をホームとしない選手をあえて選抜した。当然ながら、地元のメディアは猛反発した。しかし、オシムは意に介さない。スポーツにおいて誰がどの民族などという政治的配慮は必要ない。どんな圧力にも動じない、との意志表明だった。

この頃の発言。

「代表には常にベストのメンバーを選ぶ。もし力があるのがコソボのアルバニア人だったら、私は躊躇《ちゅうちょ》なくそれで11人全員を揃《そろ》えるだろう」

90年イタリアW杯に向けて、オシムは一気に世代交代を図っていった。リベロのハジベキッチとオフェンシブハーフのスシッチを除いては、若い選手を中心に使いだした。監督としての契約は92年までであり、長期的視野に立った上での計画でもあった。黄金世代が開花すれば、間違いなく世界にユーゴの時代は来るはずだった。

ザグレブの新聞ではボバンこそが次世代のエースという主張がなされ、モンテネグロのチトーグラードではサビチェビッチを中心にチームを作るべきだとメディアは煽《あお》った。各共和国からのプレッシャーは相変わらずであったが、オシムは意志を曲げなかった。

「記事自体は私にとってプレッシャーでも何でもない。あいつらは書きたいことを書くだけだ。ただそれを読んだ人々が、扇動されることが怖い。

メディアと我々の関係というのは両方のサイドがコレクト、正しいものでなければならない。監督が選手を使わないのには、必ず理由がある。その理由というのは、公言できない場合がある。それは技術的なことではなく、心理的な要素の場合だってある。

例えばこの選手は大舞台ではその重圧に負けてしまう、だから使えない。しかし、こいつはビビリだから、と新聞に対して公言はできないだろう？

まあ、メディアに関して言えば、日本の新聞は日本代表に関して、特に民族的な部分で誰を使えとは書かない。

しかし、ユーゴの監督はそういかない」
「そんなものに耐えられないならば
代表監督などにならぬほうがいい」

5つの民族、4つの言語、3つの宗教、ふたつの文字、を内包するモザイク国家（実際はこの数え歌よりもっと複雑だ）ユーゴの中、各共和国、各民族のナショナリストたちは自分たちの求心力を高めようと煽《あお》る。彼の国の監督は圧力に屈しない意志が必要とされる。そしてまたそれぞれに出自が異なる選手たちをすべて束ねなくてはならない。オシムは民族融和の町＝サラエボで生まれたことから、コスモポリタンを自認する。首都ベオグラードやザグレブ以外に、北はスロベニアから、南はコソボ、マケドニアに至るまで自ら足を運び、選手を選んだ。選手がどういう思想を持ち、何を考え、何を望むのかを知るために、各地の異なるメンタリティーを観察し、把握していった。現在でもすらすらとこのように語った。

「例えばモンテネグロの人間というのは特に小さくて人口も少ないながら、歴史的に大国に怯《ひる》まなかったということで、自分の街にプライドを持っている。誇り高い人間だ。ひとりででも大きな仕事をしようとする」

出身者　デヤン・サビチェビッチ、プレドラグ・ミヤトビッチ
「北部のボイボディナはある意味その逆で、豊かな穀倉地帯があるから、金持ちの地域。戦前からチェコやハンガリーとの交流があったから、いいサッカーを知っている。後方の選手が多い」
シニシャ・ミハイロビッチ、スラビシャ・ヨカノビッチ
「コソボはヨーロッパとアジアの通り道のような部分があって、エルサレム同様にふたつの宗教が入り混じっている複雑な場所。アルバニアとセルビアがミックスされた場所で、なかなか落ち着かない。馴染《なじ》みにくい。そういう意味ではアルバニア人も非常に誇り高い」
ファデリ・ヴォークリー、アドリアン・コズニク
「南部のマケドニアは少し怠け癖があるが、身体の強い、良い選手が多かった。ここは少し自分たちの力にコンプレックスを持っている部分があって、ホームゲームでは圧倒的に負け知らずだが、アウェイに出ると厳しい。内弁慶なところがあった」
ダルコ・パンチェフ、ボバン・バブンスキー
「スロベニアはドイツの流れを汲《く》んできている。西ヨーロッパにもっとも近く、器用で働き者が多い。街は工業が発達して、資金が溜《た》まっていった。潤沢になったスロベニアの小さなクラブは選手をどんどん買い出していった」

スレチコ・カタネッチ、ズラトコ・ザホビッチ、ジェリコ・ミリノビッチ

私はユーゴスラビア崩壊後、すべての共和国のサッカーシーンを取材して来たが、驚くべきことにどの地域の関係者からも、オシムこそが最高の監督であったと聞き及んでいる。そう、バルカンの火薬庫と言われたコソボですら、である。分離独立した後の各共和国が、自民族ではない指揮官の名前を挙げる、それはある意味で国家の正史から外れる行為であり、タブーとすら言える。すべての民族と平等に接していたオシムが如何《いか》に求心力を持っていたかの証左である。

オシムはこれら多民族、異文化の違いを許容し、踏まえつつ、選手のクオリティーを見据えていった。テクニシャンは溢《あふ》れかえるほどいたが、他の選手を使ったり使われたり、周囲と絡むことができて、走れる選手というと一気に絞り込まれた。オシムはまず、この条件を満たすプレーヤーとしてストイコビッチ、スシッチ、カタネッチを軸に選んだ。

「一般的には、個人プレーが強い人間を人々は好む。しかし、私はひとつのチームを作ることをまず考えて、その上で機能する選手を選ぶ。当時この3人は汗かきも囮《おとり》になることも厭《いと》わない選手だった」

ベテラン、ハジベキッチを残したのは、ボールが動かせて、リベロとしての経験の豊富さを評価したからだった。

オシムが吟味を重ね、セレクトしたユーゴスラビア代表はイタリアW杯予選欧州5組を圧倒的強さで勝ち進んだ。

同組はスコットランド、フランス、ノルウェー、キプロスと、キプロスを除けばすべて強国という死のグループであったが、フランスとスコットランドのアウェイで引き分けた以外は全勝を記録する。6勝2分の勝ち点14、得点16の失点4という堂々たる1位通過だった。

87年のワールドユースを制して以来、ユーゴは注目を浴びていたが、高いテクニックが逆に災いし、時にエゴイスティックなプレーで勝利を遠ざけていた。

しかし、オシムが率いたユーゴは異なる、強い、という風評が欧州に響き渡った。

一方で国内政治の混乱の匂《にお》いは静かに忍び寄って来ていた。88年11月19日にベオグラードでフランスとの一戦が行われた。スパシッチ、スシッチ、ストイコビッチが得点を上げ、3－2でユーゴは勝利を収めるのだが、フランス代表監督のミシェル・プラティニは、アウェイで初めて体験する異様なムードに終始驚きを隠せなかった。

「どうしてユーゴの観客は我々を応援するのですか？」

フランス語の堪能なオシムはもちろん質問の意味は分かったが、クビをすくめるだけだった。

ベオグラードで勝ってもらっては困る勢力がいることを、外国人に説明しても理解してはもらえない。

「あれはパルチザンのスタジアムだった。この頃から政治が絡み始めた。フランス戦の後から次はどこの共和国、どこの都市で国際試合をやるのかということが、メディアに注目されだした」

W杯に出場を決めたことで、特定の選手を使え、というプレッシャーはまた一層厳しくなった。

アルカンこと、ジェリコ・ラジュナトヴィッチという人物がいた。いた、と記したのは2000年1月15日にベオグラードのインターコンチネンタルホテルのロビーで銃撃されてすでに死亡しているからである。全身に38発の銃弾を撃ち込まれた惨《むご》い殺され方だった。

かような非業の死を遂げた背景は、アルカンがセルビア統一党という極右政党の党首であると同時に、裏ビジネスで富を築いたユーゴ暗黒街の帝王であったことと無縁ではない。20歳に満たないうちから強盗や恐喝で犯罪を重ね、国外に逃げてインターポール(国際刑事警察機構)に指名手配されては戻る、そんなことを繰り返していた。1980年代からは犯罪組織のボスとして君臨し、蛇蝎《だかつ》のように恐れられたアルカンは、後に一連の戦争でもボスニアの住民虐殺を指揮した民兵指導者としてハーグ戦犯法廷から訴追されている。

余談になるが、アルカンの遺児が経営する日本料理店がベオグラードにある。筆者の後輩が、そこで食事をしていると、オーナーである息子が現れて、こう聞いてきた。

「お前は日本人だろ？　新しいメニューを加えたいので作り方を教えてくれ」。それは何だと全身の刺青《いれずみ》にビビりながら問うと、「NYOTAIMORI」と答えた。「俺はサカナと女はいつでも手配できるから」と笑ったそうだ。

そのアルカンが、代表チームが前泊していたホテルにポツリと現れたことがある。

「監督、もっとデーヨ（サビチェビッチの愛称）を使ってやって下さいよ」

ジョーク交じりではあるが、さすがに怖い。アルカンはまたレッドスターのサポーターのリーダーでもあった。

オシムは声の主がどのような人物であるか、もちろん承知していた。それでも毅然《きぜん》としていた。

サビチェビッチについては、その類稀《たぐいまれ》な才能を認めると同時に、チームにおいてフィットしないことを危惧《きぐ》していた。実際、体の真下で擦《こす》るような変幻自在のドリブルは誰にも止めようがなく、後年イタリアで悪魔のようだと喩《たと》えられる正確な左足はパスのセンスにも溢れていた。しかし、彼のような選手はチームにふたり、多くて3人までだとオシムは考えていた。

「エクストラキッカーはふたり」

自分ひとりでゲームを支配し、プレースキックで得点を決められる。そういう選手をオシムはエクストラキッカーと呼ぶ。ボールを持った時の華麗さに目を奪われがちだが、周囲との調和を欠いてしまってはチームとしては停滞を意味する。オシムは88年10月19日のスコットランド戦、89年10月11日のノルウェー戦では、サビチェビッチをサブとしても使わなかった。

あのようなテクニックに秀でた選手をなぜ出場させないのか、メディアはかまびすしい批判を繰り返した。

「そんなものに耐えられないならば代表監督などにならぬほうがいい」

１９９０年、ワールドカップイヤーは皮肉なことにユーゴ崩壊の序章の年であった。現代史は、89年のベルリンの壁崩壊、東欧諸国の民主化、そしてユーゴ各共和国での民族主義の高揚と続く。それまでは「私はユーゴスラブ＝南のスラブ人」、と自称していた人々が、その呼称を否定しだした。曰《いわ》く、「私はユーゴ人じゃない、クロアチア人」「私はスロベニア人」。

全代表選手が集まる5月19日のほんの6日前には、クロアチア史に残る大きな事件がサッカー場で起こる。ザグレブ・マクシミルで行われたディナモ・ザグレブ対レッドスター・ベオグラードの試合は、開始前からサポーター同士の暴動事件が起き、クロアチア人対セルビア人の代理戦争の様相を呈した。この事件でセルビア人警官に暴行したとして、ボバンがW杯出場停止処分を受けたのはあまりにも有名な事件である。

「あの事件がユーゴ崩壊のすべての始まりだろう。私と選手たちの間には何の問題もなかった。しかし、取り巻く環境がそのような不穏な雰囲気になって来た。イタリア大会への出場を決めてから、私はいくつかテストマッチを行った。当初はスタジアムも全ユーゴスラビアを応援するムードではあったが、それが徐々に変わってきた」

6月3日、よりによってザグレブで行われたオランダとの親善試合は、その最たるものだった。6万4000人収容のスタジアムで売りに出されたチケットはたったの2万8000席で、そのうち1万5000枚しか売れなかった。国歌斉唱の時には凄《すさ》まじいブーイングが起き、後にクロアチア国歌となる歌がユーゴ国歌をかき消した。

試合が始まると、セルビア人選手がボールを持つ度にまたも大きなブーイングが起こった。

「あの時は地元サポーターにオランダのほうが応援されていた。この時のユーゴ代表ほどサポーターに苦しめられたチームはないだろう」

最悪だったのはスタンドのムードだけではない。ピッチサイドでは、新聞記者がベンチの近くまで寄って来ては、スシッチは代えたほうが良い、あるいはミヤトビッチを出すべきだ、と主張をぶつけるという越権行為までやりだした。各民族の権益を代表するかのような記者たちが、身贔屓《みびいき》な言説を現場の最高責任者である自分に向けて発する。

ライカールトとファンバステンのゴールで0－2で敗戦を喫した以上の悔しさが、オシムの胸中を支配していた。

イタリアに乗り込んで行くと、同行するメディアは、政治色に飲み込まれた使命から独自の行動をし始めた。それぞれが、自民族の選手からのみ、コメントを引き出すのだ。日本の地方ブロック紙がご当地選手を追っかけているのとは、全く異なる意図がそこには介在する。ホテルでは、スロベニアグループ、クロアチアグループ、セルビアグループというように、民族ごとの島のようなものができかけた。

常にセルビアだ、クロアチアだ、という文脈でメディアは書きたがった。選手の手元には、それぞれの家族や友人からこのように報道されているとファックスが送られて来た。本来であれば帯同し、代表を鼓舞する役割である記者たちの手によって、チームが崩壊する要素が作られていった。

「新聞記者が現在の分裂した国に分かれ始めて、重圧をかけてきた。各国記者が自分の民族の選手だけを気にする。あの時のメディアは、サッカー的に質の高い選手を伝えようとせずに、どこの出身か、どういう名前なのか、どこの民族籍か、それを欲しがった。酷《ひど》いものだ。ナショナリストによるプロパガンダに堕《だ》そうとしていたし、驚いたことに記者会見も3つくらいに分かれていたのだ」

激怒したオシムは各社に、個別に取材をするのなら一切のインタビューを拒否すると告げた。選手にも共同の会見以外の取材に応じることを禁じた。オシムと選手の関係は良好だった。選ばれし者たちはその意味を理解し、禁を破る者はいなかった。

楽しいこともなくはなかった。ユーゴ代表のキャンプ地には、日本の体育大学の学生グループも練習を見学に訪れた。東京五輪ですっかり親日家になっていたオシムは気さくに応じ、日本人学生たちをストイコビッチやスシッチのボール回しに参加させた。戦いの最中、ひと時を日本の思い出に浸った。

「わざと負けて見せた」

1990年6月10日ミラノ。初戦の西ドイツ戦。オシムはメディアを沈黙させるために大胆な策に出た。

発表された先発メンバーは、DFにハジベキッチ＝ボスニア人（ソシュー）、スパシッチ＝セルビア人（パルチザン）、ヨジッチ＝サラエボ生まれのクロアチア人（チェセナ）。ハジベキッチとスパシッチをフェラーとクリンスマンに付け、ヨジッチがリベロとなる3バック。中盤の底にカタネッチ＝スロベニア人（サンプドリア）を置き、両サイドハーフはスイスとスペインで活躍するバリイッチ＝ムスリム人（シオン）にブリッチ＝クロアチア人（マジョルカ）。

そして前線。ブヨビッチ＝スプリット生まれのモンテネグロ人（パリ・サンジェルマン）、スシッチ＝ボスニア人（パリ・サンジェルマン）、ストイコビッチ＝セルビア人（レッドスター）、加えて注目のサビチェビッチ＝モンテネグロ人（レッドスター）。

トップで張るブヨビッチを除いて、エクストラキッカーが3枚現出した。オシムはこのメンバーにWユースMVPのプロシネチキを加えた4人をエクストラキッカーのカードとして考えていた。ところが4人の出身民族籍がセルビア、クロアチア、モンテネグロ、ボスニアとすべて異なるのだ。各共和国メディアは、同胞の名を先発メンバー表に記すことを望んだ。

「記者諸君が使え、使え、とうるさい攻撃タレントを3人一緒に使うとどうなるか」

結果は無残だった。アタックが好きな前の3人の影響で守備の負担がカタネッチひとりに掛かり過ぎた。結局リベロのヨジッチが空いたスペースを埋めるために前に出て行かざるをえなくなり、このポジショニングが命取りとなったのである。

前半28分。ドイツ陣内のボールがベルトルトから右サイドのロイターに渡った時、まずカタネッチがボールにつられた。と同時に、後方で余っているべきヨジッチも高い位置にいたために、駆け上がって来るマテウスへの対応に遅れてしまう。ロイターからのダイレクトパスが入ったマテウスが、左足一閃《いっせん》振りぬくと、ペナルティエリアの外から25メートルの弾丸ミドルが綺麗《きれい》にゴールを射抜いた。

ユーゴの前線のタレントたちは守備意識が希薄であったというよりも、それをスタイルとしていないファンタジスタであり、チームとしての重心が明らかに傾いていた。後半18分の3点目はさらに顕著だった。中盤が間延びし、再びマテウスにハーフウェイライン手前からのドリブルを許してしまう。スペースを意のままに使われ、またも高い位置に上がって飛び込んだヨジッチがかわされた。追加点を献上してしまう。

サンシーロに刻まれたリザルトは1－4。オシムは4度ゴールを割られる敗戦を見せつけることで、メディアの要求を沈黙させた。

「スシッチにストイコビッチにサビチェビッチは同時には使えないことがようやく分かっただろう。全員が攻撃的で全く守る選手がいない。そんなことでサッカーが成立するはずがないのだ」

――西ドイツ戦はわざと負けて見せた、と言う。

しかし。W杯の初戦という大切な試合で、本当にそのようなスタイリッシュな冒険ができるものだろうか。正直半信半疑だった。当時は出場チームが24。うち16チームが決勝トーナメントに進めたため、予選リーグが3位でも決勝トーナメントに進める可能性があった。確かに初戦を落としてもまだ十分チャンスはあるにしても、オシムのでき過ぎたこの言葉の裏づけが欲しかった。対戦した当事者に話を聞きに行ったのが、発言に触れた直後、2003年の4月だった。当事者はオシムが率いたパルチザン・ベオグラードの2代後の監督に就任していた。

「ユーゴとの試合は鮮明に記憶に残っている。ユーゴスラビアがサッカーの国、サッカーの民の国であることを私は思い知ったよ」

ローター・マテウスはベオ郊外、ゼムン市のトレーニングセンター2階で取材に応じた。

人民軍の赤い星をあしらったトレーナーを羽織ったドイツの闘将は、いかつい顔を綻《ほころ》ばせて遠い目をした。点差ほどに楽な試合ではなかったと、ゲルマンのシンボルは言うのだ。

「我々は幸運も手伝って勝つには勝ったが、この国が持つポテンシャルを十分に見せつけられて、畏怖《いふ》さえした。私がここ（パルチザン）の監督を引き受けたのも、そのことが少なからず影響している」

あのイタリア大会のチャンピオンチームであった西ドイツのキャプテンであったあなたが、畏怖したのか、と問う。大きく頷《うなず》いた。

「うん。あの頃のユーゴは最強のチームだったと言える。90年は特に恐るべき集団だった。我々との試合だけでなく、すべての戦いにおいて輝きを放っていた。そのユーゴに勝ったことで我々は優勝に邁進《まいしん》できたと思う。ベッケンバウアー（当時西ドイツ代表監督）は、勝って謙虚さを忘れず、負けても毅然としているオシムの態度に感銘を受けていた」

優勝した西ドイツが最も恐れていたのがユーゴスラビア。オシムが確信犯であったのではないかとの言質は、図らずもマテウスの口から出てきた。

大敗でメディアを沈黙させた後、オシムは6月14日のボローニャでのコロンビア戦から本来の采配《さいはい》を振るいだした。

第1戦で走らなかった右サイドのブリッチの代わりにスタノイコビッチ（パルチザン）を入れた。26歳のこの選手は、代表入りをしただけで記者団からどよめきが起きるような存在だったが、オシムは労を惜しまぬ運動量を買っていた。ウイングだが、ストッパーもできる。攻め一辺倒のブリッチとそこが異なる。さらに、使い方で散々注目されたサビチェビッチを悠々とベンチに下げ、殺し屋サバナゾビッチ（レッドスター）を投入した。

「当時のコロンビアはどんな選手がボールを持っても、まずはバルデラマに渡すところから攻撃が始まった。バルデラマを抑えられれば勝機があり、マークを外されたらそこで終わりというチーム。サバナゾビッチは愚直で、そして賢い選手だった」

試合が始まる。守備意識が希薄なドリブラーを外して、任務遂行のためにはどこまでも付いて行くマンマークのスペシャリストを入れたことで、ディフェンスは一気に安定した。

さらに西ドイツ戦ではストッパーだったハジベキッチを本来のスイーパーに戻し、ヨジッチを1列前に上げて、カタネッチと組ませたことで、中盤は見違えるように厚みを増した。

サバナゾビッチは十分に期待に応《こた》えた。コロンビアの金髪のライオンを追い回し、一切仕事をさせなかった。

ボローニャの観客は、ハジベキッチ（スイーパー）とヨジッチ（ストッパー）が西ドイツ戦では実は役割能力が逆のことを担当させられていたことに気がついたことだろう。最後尾の守りは4日前の4失点が嘘《うそ》であったかのように破綻《はたん》から遠い所にあり、ラテンアメリカの雄を完封することに成功する。なぜ初戦からこの布陣ではなかったのか。いぶかしがってもその理由を当時のオシムが明かすはずがない。

ゲームメイクは若き妖精《ようせい》ストイコビッチとパリ・サンジェルマンのエース、スシッチが担《にな》った。

ゴールをこじ開けたのはスシッチのアイデアだった。

ハジベキッチからのスローインを受けるとすぐさまリターンを出し、マークを引き剥《は》がして疾走する。サバナゾビッチに預けたボールがダイレクトで戻ってくることを完璧に予期していたフリーラン。走りながら受け取ると、これもまた味方を信じて中盤の底から長い距離を駆け上がっていたヨジッチの胸に、絶妙のクロスを放り込んだ。ボランチでありながら、すでにペナルティエリアに侵入していた背番号6はトラップするや、見事なボレーを叩き込んだ。これぞユーゴという巧みな足技とショートパスを駆使した決勝点。

「敗戦」を見せつけた後の快勝。国内でも「使うべきだ」と論争を呼んだサビチェビッチとプロシネチキを、オシムは90分ベンチに下げたままだった。

メディアは沈黙せざるをえなかった。オシムにとっての本当のW杯がようやく開幕した。

6月19日のUAE戦は格下を相手に若い攻撃陣を試した。

勢いよくピッチに送り出されたプロシネチキ、パンチェフ、ヤルニがそれぞれ仕事をこなす。彼らは単にW杯の芝を踏んだだけではない。パンチェフ、プロシネチキはゴールという収穫を実らせ、4―1。ユーゴは決勝トーナメント進出を決める。

試合ごとに、時には試合中に、システムを自在に変更してゆくオシムの大胆さ、またそれに対応してゆく選手の能力の高さは大会を訪れた日本のジャーナリストたちをも驚嘆させた。

70年のメキシコ大会以来、6度目のW杯取材になる読売新聞運動部の牛木《うしき》素吉郎《そきちろう》は、オシムの思考の柔軟さを目の当たりにして、その名を深く記憶に刻み込み、専門誌に「びっくりさせられた」とレポートしている。

「PKはクジ引きみたいなもの」

6月25日、戦場はベローナに移った。ベスト8をかけたスペインとの戦いは、ただただストイコビッチが美しかった。オシムは妖精を認めていた。

「技術が高いだけでない。ピクシーは人を動かして、自分も動ける。彼はセルフィッシュではないコレクト（正しい）な選手だった」

同世代のサビチェビッチ、プロシネチキ、シューケル、ボグシッチらに出番がない中で、W杯での全試合に最後まで出場機会を与えていた。期待されれば期待されるほど、その力を存分に発揮する男がモチベーションを上げないはずがない。ストイコビッチは現在も言う。

「自分が接して来た中で、オシムは最高の監督のひとりである」

すでにレッドスターからマルセイユへの移籍が決まっていた25歳の若者は、スペインのMFマルチン・バスケスをトリッキーなプレーで翻弄《ほんろう》した。後半33分にカタネッチからのバックヘッドを華麗に操《あやつ》って先制弾をぶち込み、延長戦前半8分にはフリーキックで5枚の壁の外を魔法のように巻いた。ロミオとジュリエットの舞台となった街にユーゴ人たちの凱歌《がいか》が流れた。

準々決勝は前回優勝のアルゼンチンだった。

オシムはコロンビア戦同様に相手のエースにサバナゾビッチをぶつけるプランを遂行する。バルデラマを潰し、スペイン戦ではブトラゲーニョを押さえ込んだ刺客をディエゴ・マラドーナに向けてロックオンした。往年のキレこそ欠いてはいたが、マラドーナはそれでも巨星だった。前の試合、たった1本のスルーパスで王者ブラジルを屠《ほふ》った最も危険な天才。オシムはもうひとりの要注意人物＝そのブラジル戦でゴールを決めた俊足カニージャには、身体能力の高いスパシッチをつけ、守備意識の強いブルノビッチを左サイドに配してブルチャガのケアーに当てた。

ところが、ホイッスルが鳴ると若いサバナゾビッチに経験のなさが出てしまった。

前半24分に気負いからフリーキックの壁を飛び出し、距離を取らなかったことで最初の警告。責任感の極めて強い男は、その8分後に自分が担当する相手の10番に裏を取られそうになるともう止まらなかった。摑《つか》んで2枚目のイエローをもらってしまう。

ベンチは浮き足だった。マラドーナのマークという最も重要な役割を担う役者が舞台から消えてしまったのだ。

しかし、オシムは冷静だった。打った手は、混乱をなくすためのむしろシンプルなものだった。

スパシッチをカニージャに当てたまま、リベロのハジベキッチをストッパーに回す。

「スパシッチはその気になれば3人くらいマークができる。中から上がって来る相手を見ることもできる。最終ラインはマンツーマンで十分いける」

肝心のマラドーナはブルノビッチに対応させた。

「ブルノビッチは賢く、ボールを動かせる。それが重要なのだ。うちの選手が退場になったということは、相手にとっても危険なことだ。相手はひとり多いということで簡単にボールを動かせると思う。しかし、うちの選手はそれを補おうとして、今まで以上の力を発揮しようとする。しかも、マラドーナに付いたマーカーは同時にボールも持てるのだから、それによって倍加した力が鋭いカウンターを生む」

オシムはここで、決して守ろうとしなかった。

アタッカーを抜いて守備的な選手を入れようともせず、それどころか、西ドイツ戦での途中交代以降ほとんど使わなかったサビチェビッチを、スシッチに代えて登場させている。この意図は何だったのか。

「ひとり少ないという状態になったということは、ひとりで数的不利を解決しなくてはならない。言わばひとりでふたりを相手に打開できるような人間が必要になって来る。

そういう意味でサビチェビッチを投入した」

適材適所、円転滑脱、臨機応変。攻撃は最大の防御。オシムは、サビチェビッチの人並み外れた攻撃力は有事の時にこそ必要だと考えていた。結果論だが、もしもこの時リスクを冒さずに守りに入っていたら、試合巧者のアルゼンチンは舌舐《な》めずりをしてユーゴを敗戦の淵《ふち》に引きずり込んだのではなかったか。けれど、オシムは引かなかった。意図した通り、鋭いカウンターが何本も通され、アルゼンチンを相手に互角以上の戦いを展開する。

特にストイコビッチのキレは凄まじく、幾度も両サイドをドリブルで抉《えぐ》っては決定的なチャンスを演出した。

ユーゴはひとり少ないこのフォーメーションで残りの88分を見事に戦い抜く。古都フィレンツェでの死闘は延長でも決着がつかず、ＰＫ戦に持ち込まれた。

ここで選手たちはオシムに直訴する。

ディフェンディング・チャンピオンを相手に押しまくった猛者《もさ》たちは、国際映像でその勇猛果敢な姿を世界に晒《さら》しながら、ＰＫ戦を眼前に控えると怯《おび》えだした。

――監督、どうか、自分に蹴《け》らせないで欲しい。

オシムの下で9人中7人がそう告げて来たのだ。彼らはもうひとつの敵と戦わなくてはいけなかった。

「疲労だけではない。問題は当時の状況だ。ほとんど戦争前のあのような状況においては、誰もが蹴りたがらないのは当然のことだ。プロパガンダをしたくて仕方のないメディアに、誰が蹴って、誰が外したかが問題にされるからだ。そしてそれが争いの要因とされる。そういう意味では選手たちの振る舞いは正しかったとも言える。PK戦になった瞬間にふたりを除いて皆、スパイクを脱いでいた。あのピクシーも蹴りたくなかったのだ」

祖国崩壊が始まる直前のW杯でのPK戦。これほど、衆目を集める瞬間があろうか。選手は国内の民族代表としての責務を背負い、スポットにボールをセットしなくてはならない。オシムはその重圧が痛いほど分かった。

スパイクを脱がなかったふたりはモンテネグロ人とクロアチア人。サビチェビッチとプロシネチキだけが、蹴りたいと申し出てきた。

勇気を了承したオシムは「あとの3人は誰だ？　お前らとにかく誰かが蹴らないと負けるぞ」と笑いかけ、自らが指名した。

この大会で誰もがエースとして認めたストイコビッチ。そして毎回練習後にPKの練習をしていたブルノビッチとハジベキッチ。

いよいよベスト4をかけた蹴り合いが始まる。

しかし、オシムは5人を決定すると、クルリと踵《きびす》を返してベンチから消えていった。

「あんなものはクジ引きみたいなもの。私は自分の仕事をすべてやり終えた。ｔｏｔｏは当たりを知るだけで十分だろう」

代表監督としてやるべきことはすべてやった。あとは結果を知るだけ。ならばその場にいなくても良いではないか、という哲学だった。

ストイコビッチが外し、マラドーナが止められたＷ杯史上に残ると謳われたあのＰＫ戦をオシムは見ていない。

敗戦をロッカールームで知った。

やはり。と言うべきか、自らが蹴りたいと言って来たふたり以外が外していた。ピクシーがバーに当て、ブルノビッチとハジベキッチも決めることができなかった。

「あれだけ毎日ＰＫの練習を自発的にやって、ほとんど決めていた奴らが……」

改めて実戦で練習通りの力を出すことの困難さを感じていた。

クジ引きに負けたことに後悔はない。しかし、オシムにはひとつの思いがあった。

それは「カタネッチがいてくれれば」というものだった。ボールを持てて他の選手と絡めるプレーヤーとして名前を上げていたスレチコ・カタネッチは、西ドイツ戦で負傷していた。

後にスロベニア代表監督になる男は無理を押して、コロンビア戦とスペイン戦の前半には出場していたが、最も重要なアルゼンチンとの準々決勝には参戦することができなかった。

「ディフェンシブですごく重要な選手だった。彼が出られなかったので新しい選手を入れたが、やはり難しかった」

優勝したマテウスが「最強」と評したユーゴ代表の監督は、この時に少しだけ残念そうな表情を浮かべた。クジ引きには負けたが、煌《きらび》やかなタレントを率い、選手能力の高さと采配の妙を見せつけたオシムのユーゴスラビアは、強烈な輝きをイタリアに残した。

第3章 分断された祖国

91年7月、パルチザン・ベオグラードで来日。10番はザホビッチ。
写真提供・(株) ベースボール・マガジン社 © 週刊サッカーマガジン

代表監督とクラブチーム監督を兼務

イタリアW杯が終了すると、オシムはパルチザン・ベオグラードからのオファーを受けた。このクラブの創設は1945年10月4日。祖国をナチスドイツから解放したユーゴスラビア連邦人民軍を母体とした超名門である。これより代表監督とクラブチーム監督を兼務することになった。

パルチザン・ベオグラードの幹部職にあるヴラディミール・コバチェビッチは、1962年の第7回チリワールドカップにおいてベスト4に輝いたユーゴ代表の主力メンバーである。献身的なプレーで中盤を支えた背番号8は、43年経った現在（2005年）も年配のベオグラード市民に往時を語られている英雄である。と同時に、90年当時、パルチザンユース育成組織の校長だったこの男は、オシム招聘《しょうへい》をチームディレクターのネナド・ビィエコビッチに強く勧めた人物である。

コバチェビッチはオシムへのオファーをこう振り返る。

「私が彼を是非呼びたかった理由、それは90年大会の成功というよりも、それ以前にふたつある。まずひとつはジェレズニチャルを大躍進させたことだ。考えてもみて欲しい。セルビアとクロアチアの4大クラブに比べれば、極めて貧しいサラエボの鉄道員クラブが、彼の力で勝ち上がったのだ。当時のユーゴでは想像もできない知性を見せ付けた。育成や采配《さいはい》の面ではそれだけで価値のある監督だと分かるだろう。イタリア大会の結果は、その確証のひとつにしか過ぎない。もうひとつは心の強さに惹《ひ》かれたのだ。W杯前に凄《すさ》まじい圧力がかかっていたが、彼は屈しなかった。並みの監督ならばとっくに辞任してしまうような状況でも、自分の意志を貫いた。勇敢なキャラクターだ」

その圧力は具体的にはどういった形で降りかかって来たのですか、と問うとコバチェビッチは記憶の扉を開け、眉間《みけん》に皺《しわ》を刻んだ。

「イタリアへ行く直前、ザグレブでオランダとのテストマッチがあったのは知っているだろう？　そう0－2で負けた試合だ。あの直後にクロアチアサッカー協会が猛反発してネガティブキャンペーンを張った。『オシムをクビにしてヴラトコ・マルコビッチ（現クロアチアサッカー協会会長）を監督にしろ！　さもなくば、我々はユーゴサッカー協会から脱退する』と。ユーゴ連邦サッカー協会会長のミラニッチはそれに屈することなくオシムを続投させることを主張して説得したわけだ」

旧ユーゴのサッカー界では、分離独立を交渉カードに要求を飲ませる手段が、しばしば用いられた。2002年W杯予選時には、モンテネグロサッカー協会の事務局長だったドウシコ・ビエリッツァがモンテネグロの独立をちらつかせながら、自らをユーゴ協会の新会長に就任させることを主張した。ちなみにこの時は、同じモンテネグロ人であるサビチェビッチが、卑劣なことをするなと激怒して、ビエリッツァを追い出している。

「あの時代はちょうど終幕劇の始まりだった。内戦前だが、すでに目に見えない形で戦いはあった。圧力というのは主に各共和国の協会とメディアからのものだ。クロアチアの協会は先発メンバーにディナモ・ザグレブの選手がいないことを問題視し、モンテネグロのメディアはなぜデーヨ（サビチェビッチの愛称）が出られないと煽《あお》る。セルビアのメディアだって黙っていない。知っているだろう？　ズベズダとパルチザンの関係を。秘密警察（ズベズダ）と軍（パルチザン）がうちの選手を使えと言う。大きく批判をしていなかったのはカタネッチの故郷のスロベニアとオシムのボスニアくらいだろうか」

ただオシムを書くならこれは伝えておきたい、とコバチチェビッチは続けた。

「確かに政治の意を含んだジャーナリストと、6つの共和国の協会幹部と連邦の幹部の一部からオシムへの公的な批判はあった。しかし、私の知る限り、当時のクラブチームの監督で彼を批判した者は誰《だれ》ひとりとしていなかった。これも事実だ」

サッカーを純粋に見ていた人からは手腕を認められ、尊敬されていた証左であろうか。

次に私はアルゼンチンとのＰＫ戦について聞いた。

――ほとんどの選手が蹴《け》りたがらなかった理由がオシムには分かったといいます。それでも自分と選手との関係は良好だったと。

コバチェビッチは自分の意見を反芻《はんすう》するようにゆっくりと喋《しゃべ》った。長年、若い選手を見てきただけに、教える人間の心理を彼は熟知している。

「あそこで選手たちが蹴りたがらなかったというのは、プレッシャーだけではなく延長までやって疲れていたこととも無関係ではないと思う。

ただ、オシムが選手を庇《かば》っていたのは事実だ。彼という男は自分の選手を圧力から守れないのならすぐにでも辞任する覚悟をしている。そういう男だ。

そしてこれも付け加えさせてくれ。選手を守るだけでなくきっちりと叱責《しっせき》もする男だ。イタリア大会の西ドイツ戦の後、彼はサビチェビッチを切った。続けて2試合、1分も試合場の芝には立たせなかった。『こんなエゴイスティックなプレーをする男はチームに必要ない。チームにはもっと献身する男こそが必要だ』。そうまで発言して、またメディアに叩《たた》かれたのだが、屈せずに見事にチームとして結果を残したというわけだ」

当然ながら、非難されたサビチェビッチは面白いはずがない。しかし、プライドの高いモンテネグロ人である彼もまた、オシムの監督としての優秀さを認めているからこそ、ボイコットもせずベンチに入り、出番に備えた。

ジェフにおいても、使われなかった選手たちが多少の不満を漏らしつつも、「自分には合わないが、でもいい監督であることは間違いない」と口を揃《そろ》える。

──あのオシムの引き出しの多さ、練習メニューの豊富さというのはいったいどこで学んだものなのでしょうか。

「代表監督は練習時間が限定されている。だから常に目を配っていないといけない。ジェーリョ（ジェレズニチャルの愛称）の時もトレーニングに時間を割いていた。オシムの引き出しの多さ、それは彼を知る男、彼とともにサッカーに関わったことのある男なら皆、理解している。例えばオシムとウイスキーを酌み交わしたとしよう。朝まで話題はサッカーだけだ。シュワーボの頭の中にはサッカーしかないのだ。

ひとつの試合が終わる。勝っても負けても、何かサッカーに関する問題があれば、それを解決するための最良の方法を奴《やつ》はずっと考えている。運転しながら、食事をしながら、ラキヤを飲みながら、風呂に入りながら。

数学教授になれるほどだった明晰《めいせき》な頭脳はあらゆる局面を記憶している。攻守の切り替えが遅れるのはなぜか、得点直後にラインの裏を突かれるのはどこに欠点があるのか。一試合にひとつの解決策を見つけたとして、いったい彼が今まで何試合の指揮を執ったと思う？

そしてオシムがすごいのは、解決策を見つけたらすぐにピッチに持ち込めるということだ。それが豊富なトレーニングメニューに繋《つな》がったのだと私は思う」

１９７２年の現役引退以降、コバチェビッチは幾多の才能を育て上げてきた。

オランダで得点王になったストライカー、マテヤ・ケジュマン（アトレチコ・マドリード）に、ユーロ2000の得点王サボ・ミロシェビッチ（オサスナ）、そして当たり年と言われた73年生まれのアルベルト・ナジ、ドラガン・チリッチ、ネナド・ビィエコビッチ、最近なら79年生まれのイビツァ・イリエフにイゴール・ドゥリャイ。

「15歳から18歳の思春期が最も重要な時期だ。朝と晩で性格が変わってしまうようなこのデリケートな時期に、すぐに怒鳴り散らすような短気な監督は向いてはいない。トップに上がる前の世代には、ミスを犯す権利を認めてやることも重要だ」

これらユーゴサッカー界に伝わる至言の数々はコバチェビッチの出したものである。

そのパルチザンサッカー学校（Partizanova Skola Fudabala）の育成の主をしてこう言わしめた。

「オシムの情熱には敵《かな》わない。1990年、あれはズベズダが最高の選手を輩出した年。対してパルチザンにとってはオシム入団が史上最大の補強だった」

「満員のスタジアムで
いつも通りのプレーをさせただけだ」

90年大会が終わるとユーゴスラビアはズベズダ（レッドスター）の時代を迎えていた。

選手のクオリティーでは他の追随を許さなかった。妖精《ようせい》ストイコビッチはすでに800万ドルでオリンピック・マルセイユに移籍していたが、W杯に出場したサビチェビッチ、プロシネチキ、パンチェフ、サバナゾビッチに加え、ボイボディナ・ノビサドからFKの名手シニシャ・ミハイロビッチ（当時は左サイドの選手だった）が加わった。他にも俊足FWドラギシャ・ビニッチ（後に名古屋グランパス）、中盤の底で献身的に動き回るウラジミール・ユーゴビッチと逸材が並ぶ。その上、86年にステアウア・ブカレストでチャンピオンズカップを制し、東欧のベッケンバウアーと呼ばれたミオドラグ・ベロデディッチがチャウシェスク政権を嫌ってルーマニアからベオグラードに亡命し、参入していた。ベロデディッチはセルビア系だったのである。

実際、91年の5月29日にこのズベズダがチャンピオンズカップ決勝でマルセイユを破り、同年12月8日にはトヨタカップでチリのコロコロを3－0で圧倒した事実から見ても、当時の世界最強のチームに間違いなかった。

この最強ズベズダにオシムのパルチザンは果敢に挑んでいった。

縦のラインにミヤトビッチとヨカノビッチ（後にデポルティーボ・ラコルーニャ）を配し、ブルノビッチとザホビッチ（後にベンフィカ・リスボン）が上下動を繰り返しながらそこに絡む。

驚くべきことにこの頃《ころ》のザホビッチは守備をしていたのだ。

後に日韓W杯予選で絶対的な存在感を見せつけることになるスロベニア代表の王様も、オシムにとってはひとりの選手でしかなかった。名前すら忘れかけていた。

「ヒダーリ（左）の。マリボル（スロベニア北部の都市）から来た。名前？　うーん。ベンフィカでもプレーしたいい選手……。すごく動いていた。子供みたいな顔をしていたな、あいつは。ああ、ザホビッチだ」

これらの選手を連動させ、無敵と言われたズベズダにスカウティングを敢行した結果はどうだったのか。コバチェビッチが言う「オシムこそ最大の補強」という意味が分かった。

「90―91シーズンに4回対戦して1勝3分だった。リーグ戦2回、カップ戦2回。ベオグラードダービーは独特の雰囲気があったものだ。相手も知り尽くしていたし、ガチガチの戦闘モードに入っていた」

ひとつの試合のテープを入手して見た。パンチェフが決めれば、ノバクが返す。ミヤトビッチがPKで加点すれば、ミハイロビッチが直接FKを突き刺す。ノーガードの打ち合いのような戦い方は、なるほどスタジアムを熱狂させている。

それにしても、あのズベズダをどのように抑えたのか。この問いに、オシムは造作もなかったというように首を振った。

「別に何でもない。満員のスタジアムでいつも通りのプレーをさせただけだ」

――例えばトンでもないドリブラーがいたじゃないですか。エメルソンみたいなサビチェビッチが。

「ブルノビッチが試合前に『俺《おれ》に任せてくれれば問題ない。抑えるよ』と言って、ボールに触らせなかった」

――戦術の中心で、遠目からミドルを打って来るユーゴビッチは、嫌な存在だったのではないですか。

「ユーゴビッチは遠藤《えんどう》（ガンバ大阪）みたいなタイプだったな（笑）。でもスピードがなかった。確かに長いのを打てる選手だった。ただ打つことができればね」

――ミハイロビッチは？　バービーちゃんと呼ばれて、まだ髪が長かった頃の彼はウインガーで足も速かったし、何より正確な左足のフリーキックは止めようがない。

「落ち着きのあるいい青年だった。キックの精度は昔から高かった。スピードはあったが、しかし、彼は体力がなかった」

ナショナルチームを率いていたオシムは、国内主要選手の特徴をすべて摑《つか》んでいた。冷徹な外科医のようにそのクオリティーを分析していた男は、ACミランやレアル・マドリードが垂涎《すいぜん》の的《まと》とした人材の宝庫＝ズベズダにも臆《おく》さない。フォーメーションに合わせてDFの枚数を加減し、時にマークをつけ、離し、カウンターの応酬に引き摺《ず》りこんだ。

対するズベズダに所属する代表選手はオシムの凄《すご》みを身をもって体験している。意識をしないわけにはいかない。

ツルノベリ（黒白）＝パルチザンとツルベノベリ（赤白）＝ズベズダのダービーは、行う度に熱を帯びていった。

パルチザンは91年7月20日、ユーゴスラビアリーグ3位の成績を引っさげて、キリンチャレンジカップに招かれる。オシムにとって2度目の来日、27年ぶりに東京の地を踏む。ミヤトビッチの活躍で日本代表相手に勝利を収めるが、自身は日の丸サッカーの成長に内心驚いていた。

「オリンピックの時と異なって、機動性のあるコレクトなサッカーに変わっていた。非常に将来を感じるものだった。そこからさらに14年。今の日本サッカーの発展は言うまでもないだろう」

スカウティングの妙を見せつけたベオグラードダービー、あるいは東京五輪以来の来日について語る時、オシムの目は柔和に綻《ほころ》んだ。

――しかし。

ユーゴスラビア代表についての質問に言及される時、その輝きは途端に曇《くも》る。心についた無数の傷がささくれ立ち、今でも痛みを放つのだ。

それは世界のスポーツ史上、稀《まれ》に見る残酷な現象ではなかったか。世界最強チームが、栄光を前に、戦う前に壊れていく。92年欧州選手権に向けての快進撃とまるでシンクロするように、祖国崩壊は始まったのだ。

オシムの率いる代表チームは勝ち続けた。そう。4年前から世代交代を図り鍛え上げた多民族集団は、まさに黄金時代を迎えんとしていたのだから。

しかし、同時期にそれぞれの各共和国の分離独立の気運は高まり、民族間の紛争の火種は至る所でくすぶり始めていた。

予選の最中に起こった主だった事件と内戦を併記するだけでも、オシムがいかなる状況下でチームをまとめていたかが理解できる。

90年9月12日、対北アイルランド(ベルファスト)2－0勝利。得点者＝(以下同じ)パンチェフ、プロシネチキ。

10月3日、スロベニアとクロアチアの幹部会、共同で『国家連合案』を発表。

10月31日、対オーストリア(ベオグラード)4－1勝利。パンチェフ3、カタネッチ。

11月14日、対デンマーク(コペンハーゲン)2－0勝利。ヤルニ、バジャレビッチ。

12月23日、セルビア総選挙でスロボダン・ミロシェビッチが大統領に就任。

同日、スロベニアで国民投票。有権者総数の88パーセントがユーゴからの独立に賛成。

91年1月25日、マケドニア議会、主権宣言を採択。

3月2日、西スラボニアでセルビア人のクライナ地方帰属決議に反対してクロアチア警察が急襲。連邦軍の介入で大惨事を回避。

3月27日、対北アイルランド（ベオグラード）4−1勝利。ビニッチ、パンチェフ3。

3月31日、クロアチア、クライナ地方のプリトビツァ国立公園で、クロアチア特別警察とセルビア系地元警察や地元住民との間で銃撃戦。

5月1日、対デンマーク（ベオグラード）1−2敗戦。パンチェフ。

5月2日、東スラボニアのボロボ・セロで、クロアチア特別警察とセルビア人住民との武装衝突。銃撃戦。

5月16日、対フェロー諸島（ベオグラード）7−0勝利。ナイドスキー、プロシネチキ、パンチェフ2、ブリッチ、ボバン、シュケール。

5月19日、クロアチアで国民投票。78パーセントが独立に賛成。

6月25日、スロベニア、クロアチア両国独立宣言。

6月26日、連邦軍、スロベニア軍と衝突。スロベニア10日間戦争。

9月14日、クロアチア軍、全土でユーゴ連邦軍施設を攻撃。ユーゴ連邦軍「軍事行動」を予告。クロアチア内戦激化。

10月15日、ボスニア・ヘルツェゴビナでセルビア人議員が全員反対退席する中、「独立確認文書」を採択。

10月16日、対フェロー諸島(ランドスクローナ) 2—0勝利。ユーゴビッチ、サビチェビッチ。

11月13日、対オーストリア(ウィーン) 2—0勝利。ルキッチ、サビチェビッチ。

11月17日、クロアチアの拠点である東スラボニアのブコバルが陥落。

「そこまでして、代表のために人を呼べるほど私は教育のある人間ではない」

ホームでのデンマーク戦の翌日にボロボ・セロでセルビア人とクロアチア人による銃撃戦が起こっている。元々、クロアチア政府はこの地にはクロアチアの警官を送らないことをボロボのセルビア人と取り決めていたが、5月1日に2名の警官を密《ひそ》かに送っていた。それがバレて、エスカレートし、ザグレブ内務省はさらに新たな警察部隊を派遣したのだ。激しい衝突の結果、3人のセルビア人と12人のクロアチア人警官が死亡した。見せしめのため、クロアチア人警官は喉《のど》を掻《か》っ切られ、目玉を抉《えぐ》られていたという。

ここはミハイロビッチが生まれ育った故郷の村である。民族比率もほぼ同数の地域で起こった惨劇。ミハイロビッチ自身、父親がセルビア人で母親がクロアチア人である。その葛藤《かっとう》に悩んでいたこと、また内戦が終わって自宅に戻ると、集合写真の自分の顔の部分だけが銃で撃ち抜かれていた現実に直面し、号泣したということ、それぞれは拙著『悪者見参』に書いた。

ミハイロビッチがオシムから代表に初招集されるのは、このボロボ事件の2週間後のフェロー諸島戦である。

民族籍の異なるチームメイト同士が、内戦で殺し合いをしている現実を意識しないはずがない。

「自分たちの地域を発揚させるためにメディアは盛んに煽《あお》り立てた。自民族の優位性だけを書いたりする。直接戦争に関わっていない者は新聞などを通して物事を知るしかない。だから選手はよけいに混乱した」

それでもオシムはチームをまとめていた。デリケートな時期にデリケートな出自の選手を招集し、モチベーションを高め、ピッチに送り出した。ユーゴからは分離独立するしかないとの主張が席捲《せっけん》し、「我々はユーゴ人でなく、クロアチア人である」、とのクロアチア民族の国威が最も発揚した時期にユーゴ代表としてボバン、シューケル、プロシネチキがゴールを決めている事実には目を見張らされる。

「戦争が始まり、周辺は騒然とした雰囲気に包まれたが、選手と私には何の問題もなかった。選手同士もそうだ。その後の彼らの関係を見れば分かるだろう？　ボバン（クロアチア人）とサビチェビッチ（モンテネグロ人）はミランで親友だったし、ユーゴビッチ（セルビア人）とボグシッチ（クロアチア人）はユベントス躍進で協力し合った。レアルではシューケル（クロアチア人）とミヤトビッチ（モンテネグロ人）の2トップが活躍した。我々代表の人間の間には何の問題もなかった」

　そうですね、と私は相槌《あいづち》を打つ。ピクシーとボグシッチもマルセイユで旧交を温めたと聞いています。

　オシムの求心力もあり、チーム内の人間関係が壊れることはなかった。しかし、政治の荒波は容赦なく選手に「判断」を迫った。

　91年の6月にクロアチアとスロベニアが独立宣言をすると、両共和国の選手は代表でのプレーを辞退せざるをえなくなった。

　もちろん、ボバンのように自らの民族アイデンティティーのままに、ユーゴには帰属しないと宣言する者もいたが、一方ではサッカー選手として欧州選手権での栄光を掴みたいと考えているプレーヤーもいた。しかし、周囲の空気がそれを許さなかった。

　オシムが代表に必要だと思った選手に招集をかける。すると電話が入る。受話器の向こうの声は憔悴《しょうすい》し切っている。

「監督、自分を呼ばないで下さい」

クロアチアやスロベニアに住む者にとって、ユーゴ代表にノミネートされたことが知られると、その去就が大きくクローズアップされる。

よもや同胞を裏切って代表に行くようなことはしないだろうな？　有形無形の圧力が選手には降りかかる。

オシムの下でサッカーはしたい。しかし、自らの判断が、自分だけではなく、家族や親戚《しんせき》にも影響を及ぼす危険すらある。ならばその苦しい決断を迫られずに済む立場に身を置きたい。それが選手の気持ちだった。

「私は呼んだが、行かれないと彼らは言った。サッカー受難の時期だ。私から言わせれば馬鹿馬鹿しい話だが、政治家が有名な人間を利用して、自分たちの名声のために働かせていた」

オシムが最高の左サイドと評価していたヤルニ、同様に他と絡める中盤として信頼していたカタネッチの姿は、10月16日のフェロー諸島戦から消えている。

ヤルニのポジションにはミハイロビッチが入った。

それでも、と、日本の能天気な物書きは傲慢《ごうまん》な質問をぶつけた。

――どうしても必要な人材として、監督は呼ぼうとしなかったのですか？

「無理だ。無理だ」

質問が終わる前に早口で、一気に否定された。

「代表に来る方法もいる場所すらもないだろう。彼らは真剣に心配していた。『(代表に)行けば、(味方から)自分の村に爆弾が落とされる』。そんな状態の時に『来い!』と言えるはずがない。選手たちを道も穏やかに歩けないような状態に追い込むことはできない」

オシムは苦笑とも嘲笑《ちょうしょう》とも取れる表情を浮かべて声を出す。

「そこまでして、代表のために人を呼べるほど私は教育のある人間ではない」

ユーゴ連邦から各共和国が独立を掲げ、内戦が始まり、それに伴い櫛《くし》の歯が抜けるように代表選手も離れていく。

オシムのユーゴはそんな中で8勝1敗、勝ち点24、得点14、失点4でユーロ92の出場を決めた。イタリアW杯予選も通じて唯一敗戦を喫したデンマーク戦はホームの試合だった。クリステンセンに2ゴールを決められたこの試合を評して、外国のメディアは「4連勝で来た好調ユーゴがホームで敗れる波乱」と報じたが、そうではない。

この時期、ユーゴにとっては世界のどこでやるよりもホームでの試合が最も困難であったことを、この海外の記者は知らなかった。

ユーゴスラビアリーグ91−92シーズンが開幕した。そこにクロアチアとスロベニアのチームは存在しなかった。

91年12月8日。トヨタカップでズベズダがチリのコロコロを破って、クラブ世界一になった。オシムはパルチザンの永遠のライバルである赤い星の世界制覇の瞬間をどう見ていたのか。

「あの時はベオにいたかな。あるいはオフになっていたのでサラエボだったかもしれない。ただ……」

ここでオシムが見せた反応は非常に興味深いものだった。

「あのトヨタカップは、見る価値のあるものではなかった。ああいう試合はプロパガンダだ」

――それはセルビアのためのという意味ですか？

「宣伝のためにタイトルを取るというのが先行していて、全然面白いサッカーをしていない。ガチガチに固めて何もない。日本でやるという注目度、大きなカネも動いていたし」

めったに他者の試合を腐《くさ》さないオシムが、価値がないと切って捨てた。

確かにあの時のズベズダはカウンターで得点を重ねていたが、サビチェビッチという退場者も出していたわけで、引かざるをえなかったのではないか。それともあの試合の後、「セルビア、ドウ、トキヤ（東京までセルビア）」という大セルビア主義のスローガンが広まったことを指しているのか。

――プロパガンダに使ったという意味。監督、具体的にはどういうことですか？

ここまで聞き込むと、オシムはさっと距離を置いた。

「コンクレートノ？（具体的に？）具体的に俺はプロだから、時間を見てくれ。もう練習だ」

確かに練習時間は来ていた。

オシムはにやりと腕時計を指差して、軽やかに席を立って行った。

ここまでか……。


ロッカールームから一歩も外に出なかった後半

1992年3月25日。

ユーゴスラビア代表はアムステルダムのアヤックス・スタジアムでオランダと対戦する。ユーロ92を6月に控えてのオランダとのテストマッチは、怪我《けが》で久しく戦列を離れていたストイコビッチ（ベローナ）が戻ったことで大きな注目を集めていた。

すでに祖国解体は現実のものとして進行していた。同年1月15日にＥＣ（欧州共同体）がスロベニアとクロアチアの独立を承認していたために、残る民族籍はセルビア、モンテネグロ、ボスニア、マケドニアとなった。オシムはユーゴの和平が語られるハーグ和平会議の地であるオランダに全民族を連れて来ていた。

試合は0－2で敗れた。

政治にコントロールされだした国内メディアは外的要因には触れず、責任をすべてクラブと代表を兼務する超多忙なこの指揮官に被《かぶ》せた。以下はベオグラード国立図書館に所蔵されているスポーツ新聞の論評である。

〈果たしてイビツァ・オシムはすべてのユーゴスラビア人選手の体調を把握しているのだろうか？　確かにオシムはパルチザンの仕事に奔走している。土日は1stリーグの試合に釘付《くぎづ》けになったとしてもである。彼は自分のチーム以外にニシュやチトーグラード（現ポドゴリッツァ）の現場において、貴賓席からユーゴ代表の選手を見たことはしばらくなかったのではないか！〉

激しい批判に晒《さら》されたオランダ戦。それはオシムにとって代表監督通算50試合目の記念すべきゲームだった。

そしてこれが、結果的に代表の指揮を執った最後の試合となってしまう。

2日後の3月27日。オシムはマケドニアの首都スコピエにいた。

代表のスーツを黒白のジャージに着替え、パルチザンの監督としてバルダル・スコピエと国内リーグを戦っていたのだ。

なぜか不穏な胸騒ぎが、朝からしていた。

それでも開始のホイッスルが鳴れば、指揮官としての本能が覚醒《かくせい》する。パルチザンは勝ち点34の2位。37点のズベズダを追走していた。8位のスコピエに対して取りこぼしは許されない。

前半が終了した。ハーフタイムにロッカーに戻って選手に指示を出そうとしたその時だった。

マッチコミッショナーが走って来て、傍らに立った。

気配を察してオシムが顔を向けると、彼は震えながら告げた。

「ボスニアで戦争が始まった」

最悪の言葉に全身が凍りついた。

すでに2日前にはクロアチア正規軍がボスニア国境の町、ボサンスキ・ブロドに介入していた。そこにこの日、ボスニアの連邦からの独立を押し止めんとするユーゴ連邦軍が南、西、北西の3方面から襲いかかった。

今、あの愛するボスニアが戦火に包まれているという。

フル回転していた頭の中で構築されていたすべてのもの。ポジション修正も選手交代の指示もすべてが吹っ飛んだ。

試合に入り込んだら最後、90分が過ぎるまで絶対に切れないと選手たちから言われたオシムの集中力は崩壊し、気持ちはスコピエのサッカー場から引き剝《は》がされ、遠く故郷に飛んだ。

後半が始まろうとしていた。オシムは連邦リーグに対する最大の抗議を行った。選手を送り出した後、自らはロッカールームから1歩も外に出ようとしなかった。

翌日、空路ベオグラードに戻るとサラエボに住む家族に電話をした。妻も子供も無事だった。局地での戦闘は続いていたが、少なくとも親族の中で大きな被害は出ていないことが確認されて、落ち着きを取り戻した。

ユーゴは転がるように崩壊の一途を辿《たど》って行ったが、それでも4年に1度の欧州選手権はすぐそこまで来ている。

故郷ボスニアでは内戦が始まっているが、パルチザンにとってのリーグ戦とカップ戦はシーズン終盤の佳境を迎えている。

優秀なサッカー監督は苦悶《くもん》しながらも、代表とクラブのふたつの契約の中、任務を最後まで全うしようとしていた。

メディアとの危うい関係は続いていた。

代表を束ねる者としての発言は常に注視され、ことあるごとに批判の的になった。

オシムは自衛の策を取った。義務付けられた会見では、真意を覗《のぞ》かれないように言葉をオブラートで包み、謎《なぞ》解きのような喩《たと》え話で記者の前に放り出した。

当時、オシム批判の急先鋒《きゅうせんぽう》であったサッカー記者、ラディサブ・クボズデノビッチ（現代表チーム代理店「プラーヴィ、プラーヴィ」ディレクター）は上目づかいのポーズを作りながら、明らかに不満な態度で回顧する。

「イビツァというのは記者にとって好ましい人物ではなかった。試合後の会見で奴はいつもこんな感じで椅子《いす》に座り、斜に構えたような態度を見せた。出てくる言葉は抽象的で、我々はそれを毎回解読しなくてはならなかった」

オシムは戦時下において言葉がもたらす災いを自覚していた。ひたすらメディアとの距離を置きながら、リーグ戦を戦い続けた。

3月31日は古巣のジェレズニチャルと、クルバビッツァで対戦した。試合前、ジェーリョのスタログラフ監督はため息交じりで言った。「そりゃ、オシムは怖いよ。最高の監督なのだから」。6対1で破った。自らのキャリアを始めたクラブと、まだサッカーで戦えるということが嬉《うれ》しくもあった。

4月になった。

キナ臭い匂《にお》いが充満する中、オシムは家族に会うために、試合の合間を縫ってサラエボに帰った。

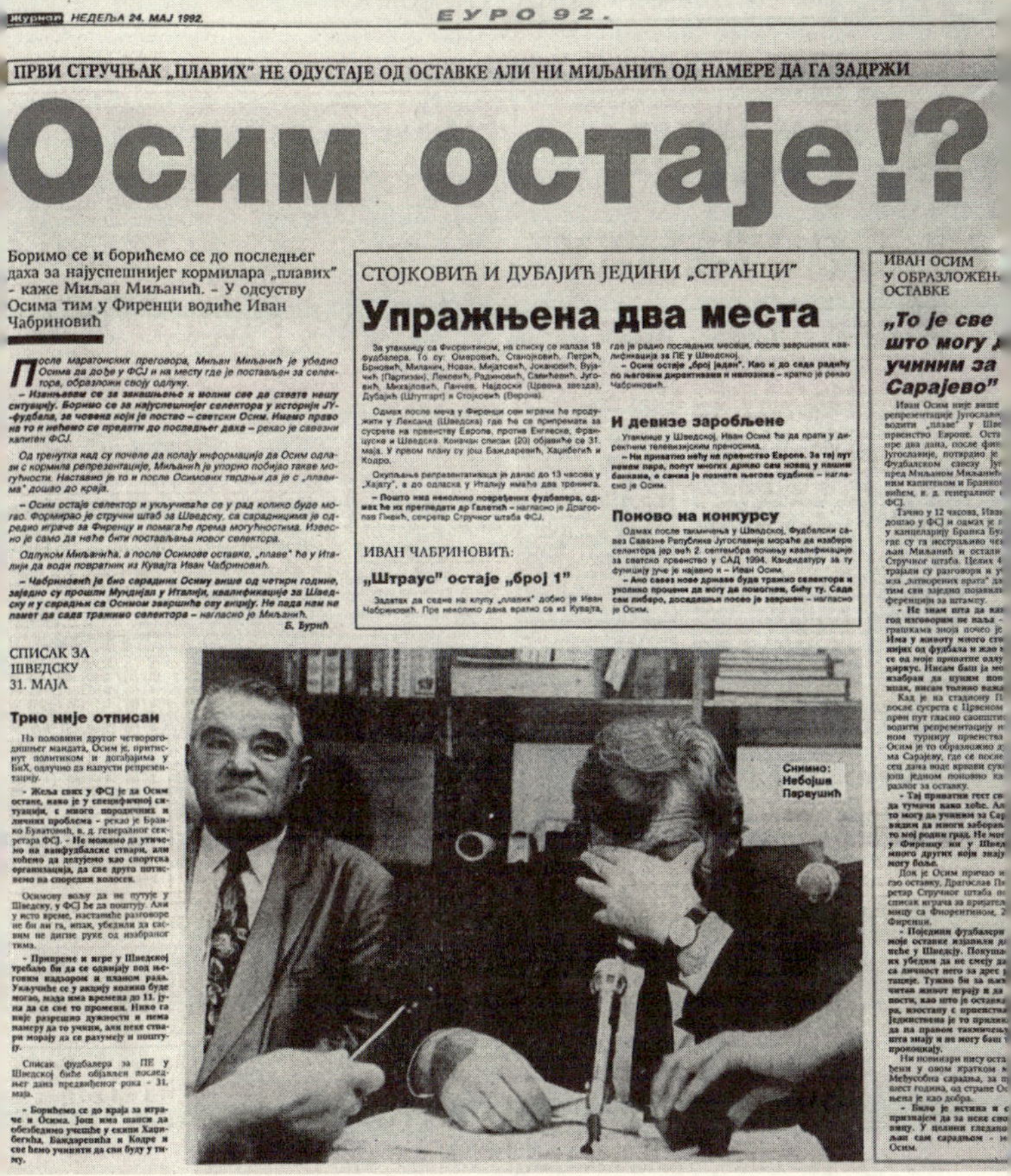

Журнал НЕДЕЉА 24. МАЈ 1992. ЕУРО 92.

ПРВИ СТРУЧЊАК „ПЛАВИХ" НЕ ОДУСТАЈЕ ОД ОСТАВКЕ АЛИ НИ МИЉАНИЋ ОД НАМЕРЕ ДА ГА ЗАДРЖИ

Осим остаје!?

Боримо се и борићемо се до последњег даха за најуспешнијег кормилара „плавих" - каже Миљан Миљанић. - У одсуству Осима тим у Фиренци водиће Иван Чабриновић

После маратонских преговора, Миљан Миљанић је убедио Осима да дође у ФСЈ и на месту где је постављен за селектора, образложи своју одлуку.

– Извињавам се за закашњење и молим све да схвате нашу ситуацију. Боримо се за најуспешнијег селектора у историји ЈУ-фудбала, за човека који је постао – светски Осим. Имамо право на то и нећемо се предати до последњег даха – рекао је савезни капитен ФСЈ.

Од тренутка кад су почеле да колају информације да Осим одлази с кормила репрезентације, Миљанић је упорно побијао такве могућности. Наставио је то и после Осимових тврдњи да је с „плавима" дошао до краја.

– Осим остаје селектор и укључиваће се у рад колико буде могао. Формирао је стручни штаб за Шведску, са сарадницима је одредио играче за Фиренцу и помагаће према могућностима. Извесно је само да неће бити постављања новог селектора.

Одлуком Миљанића, а после Осимове оставке, „плаве" ће у Италији да води повратник из Кувајта Иван Чабриновић.

– Чабриновић је био сарадник Осиму више од четири године, заједно су прошли Мундијал у Италији, квалификације за Шведску и у сарадњи са Осимом завршиће ову акцију. Не пада нам на памет да сада тражимо селектора – нагласио је Миљанић.

Б. Ђурић

СТОЈКОВИЋ И ДУБАЈИЋ ЈЕДИНИ „СТРАНЦИ"

Упражњена два места

За утакмицу са Фиорентином, на списку се налази 18 фудбалера. То су: Омеровић, Станојковић, Петрић, Брновић, Миланич, Новак, Мијатовић, Јокановић, Вујачић (Партизан), Лекович, Радиновић, Савићевић, Југовић, Михајловић, Панчев, Најдоски (Црвена звезда), Дубајић (Штутгарт) и Стојковић (Верона).

Одмах после меча у Фиренци сви играчи ће продужити у Лександ (Шведска) где ће се припремати за сусрете на првенству Европе, против Енглеске, Француске и Шведске. Коначан списак (20) објавиће се 31. маја. У првом плану су још Бајдаревић, Хаџибегић и Кодро.

Окупљање репрезентативаца је данас до 13 часова у „Хајату", а до одласка у Италију имаће два тренинга.

– Пошто има неколико повређених фудбалера, одмах ће их прегледати др Галетић – нагласио је Драгослав Пејић, секретар Стручног штаба ФСЈ.

ИВАН ЧАБРИНОВИЋ:

„Штраус" остаје „број 1"

Задатак да седне на клупу „плавих" добио је Иван Чабриновић. Пре неколико дана вратио се из Кувајта, где је радио последњих месеци, после завршених квалификација за ПЕ у Шведској.

– Осим остаје „број један". Као и до сада радићу по његовим директивама и налозима – кратко је рекао Чабриновић.

И девизе заробљене

Утакмице у Шведској, Иван Осим ће да прати у директним телевизијским преносима.

– Ни приватно нећу на првенство Европе. За тај пут немам пара, попут многих држао сам новац у нашим банкама, а сада је позната његова судбина – нагласио је Осим.

Поново на конкурсу

Одмах после такмичења у Шведској, Фудбалски савез Савезне Републике Југославије мораће да изабере селектора јер већ 2. септембра почињу квалификације за светско првенство у САД 1994. Кандидатуру за ту функцију јуче је најавио и – Иван Осим.

– Ако савез нове државе буде тражио селектора и уколико процени да могу да помогнем, бићу ту. Сада сам либеро, досадашњи посао је завршен – нагласио је Осим.

ИВАН ОСИМ У ОБРАЗЛОЖЕЊ[У] ОСТАВКЕ

„То је све што могу д[а] учиним за Сарајево"

СПИСАК ЗА ШВЕДСКУ 31. МАЈА

Трио није отписан

На половини другог четворогодишњег мандата, Осим је, притиснут политиком и догађајима у БиХ, одлучио да напусти репрезентацију.

– Жеља свих у ФСЈ је да Осим остане, како је у специфичној ситуацији, с много породичних и личних проблема – рекао је Бранко Булатовић, в. д. генералног секретара ФСЈ. – Не можемо да утичемо на ванфудбалске ствари, али хоћемо да делујемо као спортска организација, да све друго потиснемо на споредни колосек.

Осимову вољу да не путује у Шведску, у ФСЈ ће да поштују. Али у исто време, наставиће разговоре не би ли га, ипак, убедили да сасвим не дигне руке од изабраног тима.

– Припреме и игре у Шведској требало би да се одвијају под његовим надзором и планом рада. Укључиће се у акцију колико буде могао, мада има времена до 11. јуна да се све то промени. Нико га није разрешио дужности и нема намеру да то учини, али неке ствари морају да се разумеју и поштују.

Списак фудбалера за ПЕ у Шведској биће објављен последњег дана предвиђеног рока – 31. маја.

– Борићемо се до краја за играче и Осима. Још има шанси да обезбедимо учешће у екипи Хаџибегића, Бајдаревића и Кодре и све ћемо учинити да сви буду у тиму.

Снимио: Небојша Параушић

第4章
サラエボ包囲戦

去就で苦悩する様子を伝える新聞。左はミラニッチ会長。© Kimura Yukihiko

的中した予感

その日、束《つか》の間の休日を家族と過ごした夫は、仕事場であるベオグラードに戻るべくサラエボ空港に向かった。傍らにはギムナジウム（高校）3年生の次男がいた。彼は学校の春季式典で着るスーツを必要としていた。ベオのデパートで新着を買ってもらうために、父と同行したのだ。それは4月4日の土曜日だった。日曜日を挟《はさ》み、火曜日に学校が始まる前に帰ってくる。いつもと同じ週末であった。

送り出す妻はなぜか息子の荷物にかなり多めの下着を詰め込んでいた。

「重いし、明後日には帰ってくるからそんなには要らないよ」

「いいから持って行きなさい」と妻は言った。なぜそうしたのかは妻も分からない。カンが働いたとしか言いようがなかった。

サラエボ空港に到着した3人は、いつもとはまるで異なる光景に驚いた。

普段の倍以上の搭乗客でごった返していたのだ。騒然とした空気が建物すべてを覆っていた。特にセルビア系の住民が、我先にとチェックインカウンターに、あるいは搭乗口にと殺到している。

あたかも船の沈没を察知した小動物を想起させた。

「おかしい」

勝負師である夫は、感じた。

「お前も一緒にこのままベオに来ないか?」

妻は不穏なものを感じてはいたが、この提案に首を振った。

「大丈夫でしょう。チケットも買わなくてはいけないし、サラエボで用事もある。すぐにまた会えるわよ」

手を振ってゲートに消える夫と息子を見送った。

これが痛恨の判断となった。

テーブルのトルココーヒーから、優しげな湯気が昇り、テレビからはNHKの午後のニュースがゆったりと聞こえている。

妻アシマは茫洋《ぼうよう》とした視線を泳がせて、舞浜の自宅で語る。

「あの時のことを思い出すと、果たして本当に現実だったのか、と考え直すことがあります。あまりに平穏な現在とのギャップでしょうか。でも聞いて下さって構いません。それから2年半、夫と息子には会えなかったのです」

それはオシムと次男のセリミルがサラエボを発《た》ち、ベオグラードに入った2日後だった。

爆撃が始まったのである。サラエボ市民は知らなかった。これより前、セルビア系勢力はボスニア政府にサラエボの二分割を迫り、拒否されると密《ひそ》かにサラエボ包囲の準備に入っていた。4月5日には、盆地の底にある街を攻撃対象に、戦車260台、迫撃砲120台、無数の狙撃銃が周囲を取り囲んでいたのだ。

攻撃が開始されると、新ユーゴ連邦＝セルビア側は東部と北西部を強化し、クロアチア人勢力はヘルツェゴビナの西部の支配を強化した。空港は真っ先に閉鎖され、四方を山に囲まれた盆地、サラエボは、すべての外世界から分断させられた。

これより1395日にわたって続けられる「サラエボ包囲戦」の始まりだった。

4月6日、サラエボでデモをしていた群集に、セルビア人勢力のスナイパーが機銃掃射を浴びせかけた。ボスニア全土に非常事態宣言。ムスリム軍も攻撃を開始する。

4月12日、ECの仲介によるボスニア・ヘルツェゴビナ和平会議が開催され、クロアチア、セルビア、ムスリムの3者の停戦が合意されるが、直前に破られる。

連邦軍はボスニアに9万人の兵士を送っていた。武器と弾薬庫を押さえ、さらには戦闘機40機と数百台の戦車と重火器を保有。対してセルビア・クロアチア・ムスリムの3

民族で構成されたボスニア政府軍は軽火器しか持っておらず、戦車においては1台あるだけだった。開戦時から軍事力においては、圧倒的な差が存在していた。

オシムが愛して止《や》まなかった多民族融和の町。そこが、一転して爆弾や銃弾が日常として飛び交う血塗られた内戦の主戦場とされてしまった。

ベオから戻れなくなったセリミルは、連日母に電話をかけ続けた。

忘れもしない5月2日午後2時半。互いの安否を気遣いながら、最後にセリミルは言った。

「ママ、これが最後の通話になるかもしれないね」

不吉な言葉をアシマはたしなめたが、次男の予感は当たってしまった。

2日深夜から3日にかけて、中央郵便局が砲撃されたのだ。建物は火災で崩れ、まず5万人の電話番号が不通になり、やがては外界との通話接続がすべて絶たれてしまった。

サラエボは電話も郵便も一切が機能しない町となった。

止まったのは通信だけではない。セルビア系勢力は包囲しているエリアへの水の供給を止め、ムスリム側はその報復に送電をストップさせた。

アシマは水を汲《く》むために、娘のイルマと5キロ離れた郊外の配水管まで、20リットルの容器を下げて通《かよ》った。家から出る時は、スナイパーの銃撃をかわすために必ず小走りで駆けなければならなかった。

この時期のサラエボ市民の生活をアイロニカルに記《しる》したFAMA（ボスニア独立番組制作会社）の『サラエボ旅行案内』（三修社）から引く。

「ダートゲーム」この街の周囲に260台の戦車、120台の迫撃砲、数え切れないほどの対空機関砲、狙撃用ライフル、その他の小型銃が出現した。それらの武器はすべてこの街を取り囲むように設置され、この街を狙《ねら》った。いつでも、どこからでも、お望みの火器で、市内のどこの場所でも狙い撃ちすることができた。あらゆるものが標的となった。街に通じる道はすべて封鎖された。

「飲み物」これまでサラエボの水はうまいと評判がよかった。今では沸騰させるか、浄水剤を入れてきれいにしなければ飲めない。1・5リットルの水に1錠！このほかに2リットルにつき1錠の白い錠剤、5リットルにつき1錠のグリーンの錠剤、というのもある。サラエボ郊外には、家畜を連れて脱出した難民がいる。噂《うわさ》では、人のいなくなったアパートの4階で牛と一緒に暮らしている女性がいる。

「食事」1992年のサラエボ市民の主食はマカロニと米だ。マカロニと米はブラックマーケットでしか買えない。戦争勃発《ぼっぱつ》後の7カ月間、住民1人に対して人道援助物資はせいぜい6包だった。冬以外には、比較的危険の少ない公園や庭、野原、丘などで採れるあらゆる葉が食事の材料となった。米と合わせ、うまく味つければ、どんなものでも食べることができる。

「住まい」自分のアパートに住める者はまだしも幸運である。手榴弾《しゅりゅうだん》によって自宅を壊された人々や難民は、戦争がはじまる前や戦争中にサラエボを脱出した人たちのアパートに住んでいる。

それは50万人都市がまるごと兵糧攻めにあっているという状態だった。通貨は使えなくなり、食糧は入って来ず、物価は一気に跳ね上がった。アシマは言う。

「ひとりに一発ずつ、スナイパーの弾が狙っているような感じでした。女性たちは水を汲みに出る時、いつも薄化粧をしていました。たとえ撃たれても、綺麗な姿で息を絶えたいと考えたからです」

実際、死はアシマのすぐ近くにあった。ある日、家を出ると窓の外側に影があった。駆け寄った。倒れていた近所の女性はすでに息がなかった。

一方オシムは、絶望の淵《ふち》に立ちながら、それでもベオグラードにいるしかなかった。サラエボへ戻る手段はなく、その上で監督として一挙手一投足が注目されている。

惨《むご》いことに、指揮を執るパルチザンはサラエボに攻めている人民軍のクラブなのだ。戦火は鎮まるどころか、肥大していく。今、この瞬間の妻子の安否も分からない。音信不通のまま、彼は代表監督として戦うことを課せられていた。

メディアはオシムの去就についての記事を憶測も含めて書きたてた。この時期、首都ベオグラードのスポーツ紙であるスポルツキノビナルの1面は、ほとんどすべてがオシムに関してであった。

中央郵便局が爆撃されて1週間も経っていない5月9日の同紙は、「オシムはあきらめない！」という見出しで始まっている。

〈イビツァ・オシムは今日のゼムン戦において、「今日は注意しろ！　これはズベズダ戦に向けてのテストだ。相手に対して最大の努力を払え」と告げた。〉

5月11日、ジェレズニチャル対スパルタク、ブドゥチノスト対サラエボの試合が延期される。

5月12日の報道では、進退について書かれている。

〈ユーゴ代表は欧州選手権に向けてあと15日でキャンプに入る。ミラニッチ（ユーゴサッカー協会会長）は日曜日にオシムと会い、いくつかの点を取り決めた。

ボスニアでの戦闘が始まった瞬間から、オシムはバジダレビッチ、コドロ、ハジベキッチ（筆者注・すべてボスニア出身の選手）とともに姿を消すという説があった。

しかし、ＦＳＪ（ユーゴサッカー協会）の会議の後、そのようなジレンマはなくなったように思え、プラーヴィ（青の意＝ユーゴ代表の愛称）に残ることになった。ミラニッチとオシムはそれぞれこう言った。

「ユーロ92のファイナルツアーを前に、誰もオシムやその他の選手の意思を止める権利はない」（ミラニッチ）

「私の目的はプラーヴィをスウェーデンに連れて行くことだ。その後にアメリカＷ杯の監督を引き受けるかどうかを決める」（オシム）〉

5月13日には、スクープとばかりに新たな監督の名前が見出しになっている。

〈イタリアの新聞が、『プラーヴィはボシコフが率いる！』と書いた。

不穏なニュースを昨日、イタリアのコリエル・デル・スポルト紙が伝えた。「オシムはユーゴを出て行く。オシムはサラエボの家族との連絡が途絶え、ユーゴを出たがっている」と。後任にはサンプドリアの監督（当時）ブヤディン・ボシコフの名前が挙がっている。

ボシコフのコメント。「協会からはまだ何も聞いていないが、5月20日のロンドンでのチャンピオンズリーグファイナル、サンプドリア対バルセロナの後に決める」

同日のこのローマの新聞によれば、ロンドンにFSJ代表団が来訪し、サンプドリアのマントヴァーニ会長に対して、3週間後にボシコフを解放してくれるように懇願する予定とのことである。〉

この日はまた独立をしたクロアチアからひとつの小包がFSJに届いている。前年ハイデュク・スプリットはアレン・ボグシッチの活躍で91年のユーゴカップを制していたが、その優勝のトロフィーを返して来たのである。

「もはや同じ国ではない。他国の歴史の中にある栄光などいらぬ」とのアピール。協会間での意地と憎悪が渦巻いていた時期である。

5月14日。この日のダービーで、パルチザンはマラカナ（スタジアム）でズベズダを1－0で降《くだ》している。ゴールを決めたのはヴィヤチッチ。アウェイでオシム率いるパルチザンは、凄《すさ》まじい精神力を見せた。

5月17日。1面は「Osim Octaje?」（オシムは留まるのか?）。

〈オシムとミラニッチはロンドンに、イングランドとブラジルの親善試合の偵察に行く。そこから考えてもおそらく監督は続けるのだろう。〉

5月18日。

〈オシムの下にドゥバイッチ！

スロボダン・ドゥバイッチが、プレーしているシュツットガルトからベオグラードに戻って来た。休暇のためと代表に加わるためだ。〉

後にベガルタ仙台でプレーし、仙台市民から愛される男は、ストイコビッチとともに、外国リーグからの帰還ということで大きな歓迎を受けた。ボボ（ドゥバイッチの愛称）は語っている。

〈「私はウソは言わない。ユーゴ代表でプレーすることを望んでいる。協会から、ユニフォームやスパイクのサイズも聞いてきた」〉

5月19日にはプラーヴィの監督を続けるかどうか、沈黙を続けるオシムに対してメディアの論調は、督促するようなニュアンスに変わって来た。

〈オシムはまだ考えている。プラティニ（フランス代表監督）もスベンソン（スウェーデン代表監督）もミヘルス（オランダ代表監督）も決めたのに。〉

シュワーボ、オスタニ！（ドイツ野郎、残れ！）

そしてユーゴカップ決勝の5月21日がやって来た。対戦相手はもちろんズベズダ。この日、オシムのストレスは頂点に達していた。

Jリーグでも冷静な笛で信頼の厚かった主審ゾラン・ペトロビッチは驚きを禁じえなかった。ベンチに腰を据え、判定に異議を唱えることなどめったにしないユーゴ最高の監督が、興奮して食ってかかる。幾度もテクニカルエリアを越えようとする。これがあのオシムなのか。

それでもリスクを恐れない姿勢は変わりなかった。アウェイでのリード（1－0）を守ろうなどと微塵《みじん》も考えずに、パルチザンは引かずに攻めた。試合は打ち合いになった。前半38分にミハイロビッチに先制を許すが、後半に入って、69分にミヤトビッチが同点弾を突き刺す。76分にパンチェフに決められ再び勝ち越しを許すが、1分後にヨカノビッチがイナット＝意地で返す。

後にラツィオへ、レアルへ、インテルへ、ラコルーニャへ、それぞれ羽ばたいてゆく戦士たちが、赤白と黒白を身に纏《まと》っての点の取り合い。

やがて2－2のドローでホイッスルを聞いた。この瞬間、パルチザンの優勝が決まった。リーグ戦では後塵《こうじん》を拝したものの、3年ぶり6度目のカップ戦制覇。オシムは最後の大仕事を成し遂げたのだ。ベオ市民が最も熱くなるダービーで、世界最強のあのズベズダを破っての栄光。

選手そしてグロバリ（パルチザンのサポーター）たちの歓喜が弾けた。熱狂の渦が巻き起こり、スタジアムは黒と白の興奮に染まった。そんな中、オシムはひっそりとピッチを後にした。

すでにこの試合が終わったら、代表とクラブ、両者に向けて辞表を提出することは決めていたのだ。スーツに着替え、パルチザンスタジアムの図書室に記者を集めた。オシムはついに口を開いた。

「これでおしまいだ」

続けた。

「私のサラエボが戦争にあるのに、サッカーなどやっていられない」

このタイミングを選んだことをこう振り返った。

「いろんな政治がらみのことがあって、やはり、発言はずいぶんと慎重になった。辞任はもう決めていたが、特にそれをいつ言うべきかというのは重要で、早過ぎても遅過ぎてもいけなかった。カップ戦の決勝が終わった後がいいと判断したのだ」

サラエボ包囲戦が始まって以来、ひたすら貝になっていたオシムが記者団に辞表を提出することを伝えた。理由を説明しだした時、パルチザンの幹部ネナド・ビィエコビッチが入って来た。

「イビツァ、優勝したんだ。市議会に挨拶《あいさつ》に行こう」

オシムは一瞥《いちべつ》して、手を払った。

「私たちの協力は終わったんだ。市議会に行く義務はない」

何よりも愛する家族の生死すら確認できぬ状況は変わらない。オシムの堪《こら》えていた感情が噴出した。

もう終わったのだ。その声色は、連邦に対する抗議として手厳しく映った。

幹部は記者たちに怒鳴った。

「ここの部屋から出て行ってくれ！　イビツァ、行こう。優勝パレードに」

「いや、行きたくない。ここに残る」

拒絶の言葉は熱を帯びた。

しかし、そこにキャプテンのブヤディン・スタノイコビッチが現れた。頑《かたく》なだったオシムの心が手塩にかけた選手の登場で、思わずほぐれた。厳しいトレーニングを課し、鍛え上げたこの男がオシムは可愛かった。苦笑しながら憎まれ口をぶつけた。

「スタノイコよ。ここから出て行け。俺《おれ》から離れてくれ。今日のお前のピッチ上の不出来なプレーのわりには、いい結果に終わったな」

キャプテンはオシムの切なる気持ちが分かっていた上で切り返した。

「今日のプレーは、監督のイライラ病をトレーニングしたかっただけです。監督、いつも言っていましたよね。最後のゴールを決めた奴《やつ》が勝つんですよね」

オシムは笑った。

数時間後、オシムとパルチザンの選手たちの姿はゼムン市のレストラン、シャーブニックにあった。

圧力をかけて来る政治家、薄汚れた民族主義者、プロパガンダばかりに興じるメディア、バルカン権益を狙うビジネスマン……。そんな奴らはここにはいない。

ここにいるのはフットボールを愛し、苦楽を共にした者たちだけだ。

まず、いつもチームに同行していたパルチザンのマスコットシンガー、ハリス・ジノビッチが立ち上がって歌い出した。

民謡オスタリッチュだった。

――大事なことが分からない。いくら齢《とし》を重ねても僕は分からない。いったいどの女性が僕を愛して、僕のために泣いてくれるのか。僕にはそれさえ分からない――

途中からオシムは歌って和した。選手たちはじっと美しいバリトンに聞き入っていた。

突然、歌は止《や》んだ。静寂。そして爆発した。

ネダモ、オシマ（オシムは渡さない）！　誰《だれ》かの絶叫に続いて、選手全員のコールが始まった。

「シュワーボ、オスタニ！　シュワーボ、オスタニ！」。シュワーボ＝ドイツ野郎、は祖父が南独シューワーベン地方から来たことによる、オシムの愛称である。

シュワーボ、オスタニ！　ドイツ野郎、残れ！

とうてい叶《かな》わぬ望みであることを理解しながら、選手たちは、その思いを伝えずにはいられなかった。

スロベニアで暴れん坊、エゴイストと言われたズラトコ・ザホビッチも述懐する。

「オシムの所で自分は最初のチャンスをもらった。ローカルクラブのプロレテルからパルチザンに引いてくれたのが彼だった。彼のところでプレーしたことが、どれだけ有益だったか」

突然、スタノイコビッチとミヤトビッチがテーブルに飛び乗った。テーブルクロスが泥に塗《まみ》れるが、店の人間もそれを止めようとさえしなかった。

「シュワーボ、オスタニ！（ドイツ野郎、残れ！）シュワーボ、オスタニ！（ドイツ野郎、残れ！）」

ふたりの指揮に従ってこのシュプレヒコールは延々と続いた。

プレドラグ・ミヤトビッチ。やがてレアル・マドリードに移籍し、ユベントスとのチャンピオンズリーグファイナルで決勝ゴールを決める男は孤高のストライカーだった。クールを身上とするその男が、ひたすら声を張り上げ、腕を振る。

ドイツ野郎、残れ！　ドイツ野郎、残れ！

オシムの目に涙が光った。

そのサラエボの偉人をビィエコビッチが抱擁した。

ジノビッチが再び歌った。ネーダ・ウクラーデンの『陽は昇った』だった。

最高の信頼関係にあった監督と選手たちは、ズベズダを降したこの日、留別を告げたのだった。

翌日、オシムは正午にＦＳＪのオフィスを訪れた。約40分間、応接室でミラニッチからの説得は続いたが、それはもう儀礼的なものだった。ミラニッチは「最後まで最高の指揮官を引き止めるつもりだが……」とだけ、言い残していた。ＦＳＪでは、確かに辞表がユーゴカップ決勝の後に提出されていたことが確認されていた。

部屋から出てきた。すでにマイクの準備はされており、辞任会見が始まった。

「辞任とは私がとり得る最終手段だ。私はユーロに行くことはない。スウェーデンには向かわない。これは圧力などではない。私が自分で決めたことだ。それが私がサラエボに対してできる唯一のこと。あなた方は受け取りたいように受け取ればいい。私は説明はしない。思い出して欲しい。私はサラエボの人間だ。サラエボで今、何が起こっているか、皆さんご存知だろう」

オシムの言葉は続く。

「何を言ったらいいかもう分からない。何を言ったところでＮＧだ。人生においては、サッカーよりも大切なものがたくさんある。この私の行動を誰が何と言おうと構わない。私の個人的な決定からサーカスのような馬鹿騒ぎがされたことが残念だ。私はあなたたちジャーナリストをこの部屋にたくさん呼ぶために選ばれたのではない。なぜなら、私はそれほど重要な人間ではない。私より良い結果を残せる監督はたくさんいるはずだ」

ミラニッチはこの時のことをこう語る。

「彼がFSJのオフィスで辞表を出した時、その場にいた誰もが泣いてしまった。オシムはサラエボっ子だ。街、人々をこよなく愛す男は、そのことを最も悲惨な形で自覚してしまった。プラーヴィそしてユーゴを愛した男はあの時、なすすべもなく苦しさから涙を浮かべていた。しかし、彼を批判することなど誰もできない。ひどい記者はこのころ、オシムはアル中になって酒びたりだとデマを書き連ねた。しかし、彼は毅然《きぜん》とし、最後までメディアに迎合することも振り回されることもなかった」

一部の選手たちはオシムの発言の後、自分たちもスウェーデンには行かないと言い出していた。それをオシムは叱《しか》った。

「俺の気持ちよりも代表のドレスを取れ、と説得した。必死になってプレーして来たのに、監督の辞任という馬鹿げたことでユーロのプレーを辞めるのは悲しいじゃないか。彼らにとってはまさにその場こそ、自分の存在を見せ付けるいい機会だ。チャンスを投げることはない」

ユーゴ代表イビツァ・オシム監督辞任。このニュース映像は世界中に発信された。しかし、その姿を最も見たいと思っていた人間の下に電波は届かなかった。包囲されているサラエボのアシマは、夫の辞任を人づてにしか知ることができなかった。

ユーゴサッカー界の激震は続いていた。

5月25日には欧州ゴールデンブーツ（得点王）を取ったマケドニアのストライカー、ダルコ・パンチェフも「代表のドレスに袖《そで》は通せない」とついに口を開いた。コメントを求められたオシムは「私だけが、決めさせられているのではない」と発言し、パルチザンのスタジアムに向かった。

プラーヴィが練習していた。そこでオシムはサビチェビッチを激励したのだ。イタリアW杯ではその起用法を巡ってメディアに批判されたが、もはや互いに何の確執もなかった。

27日、いよいよ代表がスウェーデンに向けて旅立つという前日になった。ユーロでの初戦は6月11日、相手はイングランド、場所はマルモだった。オシムは自分が選んだ選手たちを見送るために、前泊しているハイアットホテルを訪れた。

欧州制覇をすべく、招集をかけ、鍛え上げた面々。その顔を前にして言った。

「同行することはできない。しかし、誇りを持って戦って来て欲しい」

オシムの姿を見ると、記者団が取り囲んだ。

前代表監督は振り返った。

「皆さんに会えて嬉《うれ》しい。しかし、私が言えることはひとつだけ。決心は変わらない」

ひとりの若い記者が、感極まって叫んだ。

「同じことを言わせないで下さい。皆があなたに願っているのは、元の仕事に戻ることだけです」

「いや、それはない。何も私の決心を変えることはできない」

オシムは即答して、記者に告げた。

「確かに口論もあった。一部のジャーナリストには私が悪かったことも認める。でもこの6年間において、あなた方との相互の協力は、全体には良いものだったと評価したい」

翌日、プラーヴィは開催地に飛び立った。

オシムはそこで最後のサヨウナラをベオグラードに告げた。

すでに、ギリシアのパナシナイコスからのオファーは来ていた。サラエボへの連絡が取りやすいとの理由でオシムはこの依頼を受けていた。アテネに飛ぶのだが、ベオの空港はすでに閉鎖されていたため、まずブルガリアまで車で向かうことになった。

所用を済ませ、荷物をまとめ、出ようとした時、プラーヴィが出場権を剥奪《はくだつ》され、スウェーデンから強制帰国させられたことを知った。

第5章
脱出、そして再会

妻のアシマと、舞浜の自宅にて。© Shintaro Suda

民族間の垣根を越えた電波リレー

今日もオシムは船室でまどろむ。トレーニングを指揮した身体には疲労がこびり付いているが、緊張はどこまでも続いていて眠気はない。夜中から明け方にかけてが、一番重要な時間帯なのだ。スタッフが呼びに来ると、立ち上がってデッキ最上階の部屋に入って行く。すでに技師がスタンバイしていて、マイクに向かって語り始める。オシムは横に座って通信の成り行きを見守る。アテネではこれがほぼ日課になっていた。

電話回線が全崩壊しているサラエボに向けて、アマチュア無線だけが家族と繋《つな》がる唯一の通信手段だった。幸いにして、ギリシア、パナシナイコスのオーナーは、海運業も手広く営んでいた。オシムは停泊する豪華客船やタンカーの船長に紹介され、無線室で家族からのコールを待った。

一方、サラエボのアシマにも頼みの綱があった。

「夫のサッカーの教え子が敵対する軍隊の中にもいたのです。彼の尽力で無線機の使用も可能になりました。私は午前2時頃《ごろ》によく出向きました。それでも毎日トライしても通じるのは2週間か3週間に1度。ひどい時は1カ月話せない時もありました」

アマチュア無線をご存知の方なら、釈迦《しゃか》に説法になるが、ITと異なり、無線は一定の周波数で不特定多数に向けて発信される。遠距離に関しては途中でいくつもの拠点を経由してバケツリレーのように運ばれて行くので、特定の相手に向けてメッセージを送るには極めて精度の低いものである。戦時中におけるジャミング（電波妨害）もあった。

オシムはこう振り返る。

「妻子の状況は全く分からなくて、ようやくアマチュア無線の存在で無事が確認できたのが、4、5カ月経《た》ってからだった。サラエボの市内は外に出れば撃たれるという状況で、無線に出るのも困難だった。それに最初は私と妻が直接言葉を交わすわけではなく、何人もの人間が、間に入って『こう言っている』『こう答えました』というそんなコミュニケーションだった」

その後は仲介に入った人の気転で電話の受話器（アテネからは国際電話が使えた）を無線マイクに近づけて、かすかな声を互いに聞いて生存を確認し合うという作業が続いた。

特筆すべきはここで、オシムの指導を受けた選手たちが、殺し合いを続ける民族間の垣根をも越えた電波リレーを敢行したことである。電波は、サラエボからベオグラード、そしてマケドニアの首都を経由してアテネに繋がった。

――奥様の安否が分かって、最初に聞いた言葉は何でしたか。

「いや別に、そんなことはどうでもいいだろう。生きていることが分かっただけで……」

下世話なインタビュアーの意図は再び見透かされた。ウエットな言葉をオシムは一切拒否して続けた。

「たくさんの……本当に……たくさんの人が亡くなったのだから……」

国を出て、コーチするチームのユニフォームの色は黒白から緑白に変わっていた。しかし依然としてサラエボでの戦火は消えず、妻子との交流を繋ぐのはアマチュア無線での儚《はかな》いラインしかない。

当時の精神状態は想像するに余りある。

しかし、プロフェッショナル監督はそのような状況下でパナシナイコスに大きな改革を進行させる。

「とてもベテランの多いチームだった。それを私が来て若返らせた。これは無理だなと思った段階で、3人、4人と外していった。ベテランというのは長年プレーをしているから、当然、サポーターにも愛されて人気がある。だから論争にもなるし、勇気がいる。しかし、例えば日本でもそうだが、ベテランでいい選手なんだけれど、これ以上は無理だと思えば、本人のためにも考えたほうがいい。経験のある選手も確かに必要だが、経験ある選手は9人もグラウンドには必要ない。そういう選手がひとつのチームにたくさんいたら成り立たない。個人的にはいい選手。ひとりとしてはいい選手。」

やがてジェフで遂行させる方法論を10年前にギリシアで確立していた。オシムは世代交代を図りながら、パナシナイコスを走るチームに変容させていった。

激しい指導をしてゆきながら、一方で家族に対しての救出策を探していた。

サラエボが外界と遮断された92年4月以降、市民がオフィシャルに街を出ることはできなかった。それは外敵によるものだけではなかった。ボスニア・ヘルツェゴビナ政府は、国際世論の同情と援助が欲しかった。それゆえに表向きは「セルビア側から受ける民族浄化を避けるために、脱出することを禁じる」として市民の脱出を厳しく取り締まったのである。このあたりは、あえて激戦地ブコバルの市民を見殺しにして世論を誘導しようとしたクロアチア政府にも似ている。市民の悲劇を政治的に利用する国家の縮図である。

サラエボの中に入れるのは人道援助団体、ジャーナリスト、外交官関係者だけ。オシムはこの時期、妻に送金することもできなかった。

アシマの記憶。

「水を運ぶのもたいへんでしたが、さらに物価も上がった。砂糖1キロが80マルク。小麦粉が1キロ20マルク。それらを手に入れるのにも行列を作らなくてはならなかったのです。トンネルから送られてくる物資もあったけれど、とても高くてそれには手が出ませんでした」

トンネルとは、補給路を絶たれた中でイスラム勢力が掘り始めたもので、郊外のアパートから空港の下を通って「自由世界」と呼ばれる南部地域の地上までを結んだ約800mの抜け穴である。

アシマはサラエボ冬季五輪の会場となったゼトラスタジアムの近くに住んでいた。五輪開催から8年でメインスタジアムは共同墓地に姿を変えている。疲労とストレスで体重を10キロ落としていたが、稀《まれ》に繋がる無線のメッセージでは「報道では荒れていると言うけれど、大したことはない。私は元気」としか言わなかった。

オシムはクラブのコネクションを使うことで家族の脱出方法を考えた。

「パナシナイコスのオーナーはギリシア一の富豪だった。だからあらゆる分野に顔が利く。そこで口を利いてもらい、ギリシア軍に働きかけてもらったのだ」

ギリシアは少数ではあったが、サラエボに駐留する国連防護軍（UNPROFOR＝UN PROtection FORce）に派兵をしていた。クラブオーナーは軍の上層部にパイプがあった。奔走したロビー活動は成功し、次回、ギリシア軍のヘリコプターがサラエボから飛び立つ時には、アシマがそのシートに座り、ザグレブまでの同乗が許されるということになった。意向を受けたヘリはアテネを飛び立ち、サラエボに入った。しかし、アシマはこの脱出劇を拒否した。

「私もサラエボで生まれて育った人間ですよ。皆が苦しい中、自分だけが逃げ出すなんて恥ずかしいことはできません」

赤十字が組織する出国支援の順番待ちリストには、必要書類を全部揃《そろ》えながらも、何カ月も待たされている老人や病人の名前が並んでいる。

アシマはそんな中で、オシムの妻という特権を利用して逃げ出すことはできないと決意していた。

されば、とオシムはその意志を理解した。自分自身もサラエボの人間である。同じ境遇に置かれていたならば、おそらくは同じ決断をしただろう。

苦悩と不安は続いていたが、現場の人間には、おくびにも出さず、チームを作っていった。就任してすぐ、92－93シーズンでリーグ戦2位、カップ戦で優勝という結果を叩《たた》き出した。次季はリーグ戦で宿敵オリンピアコスを倒してチャンピオンを、と期待も高まった。

しかし、オシムにとっては満足できない部分があった。

「クラブの社長やマネージャーが私の意志とは別に、勝手に選手を買って来て、そのプレーヤーを使えと言い出したんだ。断っておくが、買って来た選手も決して悪い選手じゃない。すごく質の高い選手なんだが、走れない選手だった。それを使えというので喧《けん》嘩《か》になった。当然だろう。走れなかったら、どうやってサッカーをやるんだ？ ボールを持っていたら相手が取りに来る。取られないためには走る。取られたら走って奪いに行く。そんなのはルール以前の話だ」

通訳との信頼関係にも問題があった。語学のレベルではなく、危機管理の意識に不満があった。言葉を重視するオシムには耐えられず、結局、ギリシアでの生活は1シーズンで終えることになった。

「私はビッグクラブ向きの監督ではない。スター選手を外したら、監督のほうの首が飛ぶ」

W杯で母国をベスト8に導き、ギリシアでカップ戦を制した名将が退団を表明するや、レアル・マドリード、バイエルン・ミュンヘンを筆頭にあまたのオファーが殺到した。その中でオーストリア・リーグの6〜7位に燻《くすぶ》る中堅クラブ、シュトルム・グラーツを選んだのは、やはり家族との距離を最優先に考えたからだった。グラーツはスロベニアに接し、マリボルからは約50キロしか離れていない。旧ユーゴ系の文化人や知識人も数多く住む町である。

「妻や友人とのスムーズな連絡や交流を考えてグラーツを選んだ」

本人の言葉は短いが、オシムをよく知るボスニアサッカー協会会長、ミラン・イエリッチはこうも言う。

「オシムはエモーショナルな人間だ。パルチザンを10年計画で強化しようと考えていたが、その夢も叶《かな》わず挫折《ざせつ》した。彼は戦争が始まるとひとつの所に肩入れをしたくなかったのだ。クロアチアにも、セルビアにも、ボスニアにも、そのオファーを断っている。それでどことも関係がなく、なおかつ祖国に近いグラーツを選んだのだろう」

しかし、監督としてオシム自身、レアルやバイエルン、ビッグクラブからのオファーに一瞬でも心は動かなかったのだろうか。

素直に質問をぶつけると、オシムの瞳《ひとみ》が光った気がした。

「正直言うと、私はビッグクラブ向きの監督ではない。なぜなら、大きなクラブを指揮するためには制約がものすごくたくさんある。短い時間で結果を求めてくるし、人気があるスター選手を外したら、監督のほうの首が飛ぶだろう。ジダンやロナウドが間違った動きをしている。全然動けていない。それを指摘できなければ、監督という呼び名は返上すべきだ。私は自分の意見を言う監督だ。どんなにいい選手でも動きが悪ければ言う。その意味で自分がどういう監督か、何ができるかを考えた結果、ビッグクラブのオファーを今まで受けなかった。もっとも、パナシナイコスは8万人の観客がスタジアムに入るビッグクラブだったが……」

銀河系軍団レアル・マドリードについても言及した。

「ビッグクラブにしてみれば、監督という人種はそういう大きな所から話が来れば、すぐに引き受けるだろうと思っているだろうが、それは違う。ジダンやベッカムやロナウドやいろんな人間を集めても、じゃあ彼らのためにいったい誰《だれ》が走るんだ？　だからあのチームは、スペインでもヨーロッパでもチャンピオンに成れないだろう」

現役時代のニックネームであったJ・シュトラウスと同姓のR・シュトラウスが、1905年にサロメの演奏で指揮棒を振った町（グラーツ）で、オシムはタクトを振ることになった。

当時のグラーツは4—4—2のフォーメーションでロングボールを蹴《け》って、ひたすら身体を張る、そんなチームだった。それでも勝つことはあるが、オシムはそういうサッカーは観客をスタジアムから遠ざけると考えていた。

「システムは関係ない。そもそもシステムというのは弱いチームが強いチームに勝つために作られる。引いてガチガチに守って、ほとんどハーフウェイラインを越えない。で、たまに偶然1点入って勝ったら、これは素晴らしいシステムだと。そんなサッカーは面白くない。

例えば国家のシステム、ルール、制度にしても同じだ。これしちゃダメだ、あれしちゃダメだと人をがんじがらめに縛るだけだろう。システムは、もっとできるはずの選手から自由を奪う。システムが選手を作るんじゃなくて、選手がシステムを作っていくべきだと考えている。チームでこのシステムをしたいと考えて当てはめる。でもできる選手がいない。じゃあ、外から買ってくるというのは本末転倒だ。チームが一番効率よく力が発揮できるシステムを、選手が探していくべきだ」

オシムはまるで、因習のようにこびり付いていたクラブ内の縛りを取り払い、グラーツの改革に乗り出した。システムは人の上に君臨するものではない。

幸いなことに、ビッグクラブではないがゆえに、権限と時間は十分与えられていた。トレーニングはここでもまず「走る」ことから始まった。

蹴って当たるサッカーから、動かして走るスタイルに集団は変化していく。大胆な世代交代をしながらの強化は実を結ぶ。ラピッド・ウィーン、FKオーストリア、チロル・インスブルックの3強が席捲《せっけん》していた中、前年まで中間をウロウロしていたチームが、リーグ戦で2位になった。それも得失点差でのシルバーメダルであり、勝ち点では首位と並んでいた。

「シュトルム・グラーツで何かを急に変えたわけではない。ただ、一番強調したのはボールを動かすということだ。サッカーとは戦術が一番だと思っている監督がいるかもしれない。しかし私はムービングこそが、最も重要だと思っている」

その志向は人々を魅了した。グラーツは、一説には両親がユーゴ系とも言われているアーノルド・シュワルツェネッガーを生んだ街でもある。このハリウッド・スターの名前を冠に頂くホームのスタジアムは、チームの躍進と相まってサポーターで膨れ上がっていった。

オシムの就任後、3年でリーグ優勝が成し遂げられた。

そして、ほとんどの者が奇跡だと呻《うめ》き、一部の者が、当然だと頷《うなず》く出来事が起こった。チャンピオンズリーグに出場を決めたのだ。

頷いた者の中にストイコビッチがいる。

「グラーツで起こっていることを、オシムを知る者なら誰も驚かない」

「重要なのは、ミスをして叱《しか》っても使い続けるということだ」

グラーツの勇躍を語る上で不可欠な物語がある。オシムはこの地でひとりの同胞選手と出会い、発掘されずにいたその才能を開花させている。

後に名古屋グランパスに入団するイビツァ・ヴァスティッチである。

90年代初頭、すべての旧ユーゴサッカー選手は、キャリアの大切な時期に内戦による影響を受けている。クロアチアのクラブ、アドリアのユースにいた端整な顔立ちのFWも、もちろん例外ではない。ヴァスティッチは戦火の燻るクロアチアを飛び出し、ツテを辿《たど》り難民となってオーストリアに渡っていた。

「祖国を出たのは22歳の時。いよいよ戦争が始まるという状況になって、私は大きな恐怖に囚《とら》われた。戦争で傷つくということよりも、もしかしてサッカー選手を辞めなければならなくなるのではないかという恐怖にです。身体はまだ動くのに、スパイクを脱いで他の仕事をしなくてはならないというその恐ろしさ。クロアチアを出たのは極めて必然的なものだったのです」

クロアチア独立戦争が勃発《ぼっぱつ》する直前。すでにクロアチアサッカー協会の機能が麻痺《まひ》し、リーグ戦が中断されてから8カ月が経っていた。結果的にイヴォ（＝ヴァスティッチ）の判断は正しかった。故郷のダルマチア地方はやがてユーゴ連邦軍からの砲撃を受け、戦争は泥沼に嵌《はま》っていく。

イヴォはプロサッカー選手でいたかった。環境が整わず他の何者かになってしまうことが怖かった。そんな時にウィーンの知人から、とにかく来ないかと連絡が入ったのである。

両親も止めなかった。すでに兄のマルコに召集令状が来ていた。このままではお前も兵隊に取られてしまう、早く国外に出たほうがいいと、むしろ背中を押したのである。

イヴォは婚約者をスプリットに残し、単身で国を飛び出した。身軽ではあっても、難民としての生活は安定を欠く。オーストリアのクラブとの契約がすでにあったわけではない。現地入りしてからチームを探す、という綱渡りの状況だった。加えて彼はまだ無名に近かった。

18歳で名門ハイデュク・スプリットの補強選手になった頃は、ズラトコ・ブヨビッチやアレン・ボグシッチといったタレントと一緒にプレーできるだけでも幸福に感じるようなレベルの少年だった。クロアチアの同世代はまさしく黄金ジェネレーションで、2トップにはシューケルと先述のボグシッチがいた。彼らの陰《かげ》に隠れ、代表のドレスに袖《そで》を通したことがない選手が、売り込みに苦労したことは想像するに余りある。

イヴォは様々な肉体労働をしながら、プロサッカー選手への道を模索していた。やがて、スキルの高さが認められてFCウィーンに入り、半年ほどしてドイツのデュイスブルクに買われて行くが、落ち着かず、レンタルで出されてはオーストリアのチームに舞い戻るという状態が続いていた。94年春に強豪インスブルックとグラーツの両方からオファーをもらうと、その意思が、実績のある前者に傾いていたのは当然のことだった。

しかし、グラーツの次の監督がオシムだと聞かされるや、彼の気持ちは一変した。

「オシムの下でやれるのなら」

願ってもないこと。

サッカーの神は時として、「出会い物」をこしらえる。ヴァスティッチの才能はオシムとの邂逅《かいこう》で覚醒《かくせい》されていく。相手の姿勢を常に見てバランスを崩してゆく緩急自在のドリブル。距離や壁を意《い》に介さないＦＫ。そしてせり負けしないヘディングの強さ。

何よりもこれらの技術をどこで活かすか、何のために活かすか、が明確に指導された。プレー・ディスタンスが広がったイヴォは、ポジションチェンジを頻繁に繰り返してシンプルに繋ぎ、打った。グランパス時代、下がり過ぎるとの批判が一部から出たが、それは周囲との共通理解がなかったがゆえで、２００５年シーズン、ジェフ市原・千葉でプレーしているマリオ・ハースの動きになぞらえれば、当時のイヴォの動きはオシムが叩き込んだものであることが分かるだろう。

ダルマチア地方から来た無名のクロアチア難民は、大きな成功を掴《つか》み取った。

得点王3回、ＭＶＰ4回。チャンピオンズリーグでは、マンチェスター・ユナイテッド、レアル・マドリードからゴールを決めている。95年にはオーストリア国籍を取得し、フランスＷ杯ではチリ相手にゴールを奪う。

イヴォは英雄となり、連日自宅にまでファンが押しかけて来た。喧騒《けんそう》の渦に浸るのを避けようと、モルディブまでバカンスに行けば、空港のポーターたちまでが、荷物を我先にと運び出した。

誰も彼を知らなかった時代は、はるか遠い昔になったようだ。

「すべてのモノを、私はグラーツで手に入れることができた。そしてそれはオシムなくしてはありえなかった。私も含めて若い選手がどれだけ彼の下で貴重な経験を積んだのかは、計り知れない。難民としてオーストリアに渡った頃の私は、全然大した選手ではなかったのだから」

対してオシムはヴァスティッチの努力を讃《たた》えた上で、指導について言及した。

「あいつは俺《おれ》の所に8年もいた（笑）。コーチの仕方としては、良くないプレーをした時に、思い切りそれはダメだと叱った。それだけだ。イヴォは若い時期に国を出て小さなクラブを試合に出られないまま転々としていたから、一貫して教えられたものがなかった。だから徹底して何がダメかを教えて叱った。

ただ、それより重要なのは、ミスをして叱っても使い続けるということだ。選手というのは試合に出続けていかないと成長しない。どんなに悪いプレーをした時でも、叱った上でそれでも使う。ミスをした選手を、それだけで使わなくなったら、どうなる？その選手はもうミスを恐れてリスクを冒さなくなってしまうだろう。いつまでも殻を破ることができない」

――ダメなプレーを指摘した上でのイヴォに対するモチベーションアップは、どのように施したのですか。言葉の使い方、あるいは言葉をかけるタイミングなど、ひとつのメソッドがあるように思うのですが。

「特定の法則があるわけではないから、どういう方法とは一概には言えない。常に考えているのは、選手たちの『勝ちたい』、『克ちたい』という強い気持ちを目覚めさせることなんだ。なぜ、勝ちたいのか。その問いに対する答えは11人いたら11人違うかもしれない。だからこそ選手を観察する必要がある。その上で、対戦相手のことを洞察し、まず、相手が何に長《た》けていて何に劣っているのかを考えさせる。そして自分たちが何をすべきなのか、何をしてはいけないのかを言っていく」

「そういうものから学べたとするなら、戦争が必要なものになってしまう……」

シュトルム・グラーツが快進撃を続ける中、サラエボの情勢は、停戦合意が結ばれては破られるという混沌《こんとん》とした戦闘状態が続いていた。ようやく、国連機関に依頼をして、アシマの許《もと》には物資や通貨紙幣が届くようになっていた。しかし、手続きが複雑であるのと、間に介在する人間の手によって中間搾取が横行するという問題もあり、機能しているとは言い難かった。

アシマにとってそれは、10月の午前中に来た突然の知らせだった。娘のイルマから市内電話がかかって来た。イルマはフランス語と英語が堪能《たんのう》だったので、国連保護軍で通訳の仕事をしていた。

「ママ、リストに名前が入ったわ」

毎日8人だけが国連軍のヘリコプターに乗って出国することができた。それはウエイティングリストというにはあまりに膨大で、いつどのような経緯で回って来るかも分からない代物だった。

急な動きが出て、その順番が今、突然回ってきたという。

ヘリが飛び立つ時間は午後2時だ。今、午前10時。

「私が出ていいのだろうか」

ほんの少し逡巡《しゅんじゅん》したが、躊躇《ちゅうちょ》している暇《ひま》はなかった。この機会を逃せば、次はいつ出られるのか予想もつかないのだ。アシマは身の回りの物だけ荷物にまとめると、家を出た。

離陸した瞬間、様々な出来事が一気にフラッシュバックとなって襲いかかって来た。

この2年半、家族はバラバラで暮らしていた。オシムはオーストリア、長男のアマルはフランスでプレーをし、次男のセリミルはギリシアの学校に通《かよ》っていた。周辺では人が殺されているのに、「今日も異状ありません」と無線では答えて来たのだ。自問する。そんな状態を異常と思えない心理が、すでに異常ではないか。

サラエボからザグレブを経由してウィーンに入る。ウィーンには姉がいて、その住居にひとまず世話になることになった。

ほどなくして、夫がやって来た。

オシムは2年半ぶりに妻を見た。しわは増え、10キロもやせこけていた。声が出なかった。

アシマの変わり果てた姿に呆然《ぼうぜん》としている。

「私を見ていたのか、それとも私の後ろの壁を見ていたのか、それすら分からないほどに焦点が全く定まっていませんでした。ただただ、じっと目を見開いていました」

翌月には、次男セリミルとの再会が実現した。ベオグラードにスーツを買いに行くのを見送って以来である。あの時、3日後には何事もなく戻ってくると信じて疑わなかった。

そのわが子が、受話器の向こうで「これが最後の会話かもしれないね」と一時は覚悟までしていたのだ。成長期の少年はすでに身長も体重も大きく変わっていた。

オシムはこう言って私に釘《くぎ》を刺した。

「私のようなケースは本当に珍しい。運が良くて、心からありがたいと思っている。町中に水も電気もなく、厳しい冬には凍えるしかなかったあの頃のサラエボで、家族は無事に生き延びた。人々は私の話になれば、良かったね、素晴らしいという美談にしてしまう。しかし、そんなものではない」

――監督は目も覆いたくなるような悲惨な隣人殺しの戦争を、艱難辛苦《かんなんしんく》を乗り越えた。試合中に何が起こっても動じない精神、あるいは外国での指導に必要な他文化に対する許容力の高さをそこで改めて得られたのではないか。

「確かにそういう所から影響を受けたかもしれないが……。ただ、言葉にする時は影響は受けていないと言ったほうがいいだろう」

オシムは静かな口調で否定する。

「そういうものから学べたとするのなら、それが必要なものになってしまう。そういう戦争が……」

94年5月18日。

欧州チャンピオンズリーグ決勝。バルセロナ圧倒的有利の下馬評を覆し、ミランに栄光をもたらしたのは、ひとりの天才ドリブラーだった。

この日、サビチェビッチはバルサの守備陣をたったひとりで切り裂いた。2ゴールをあげる活躍は、欧州王者を決める一戦に固唾《かたず》を飲む世界中の人々を瞠目《どうもく》させた。4－0。勝利を告げるホイッスルを聞くと、サビチェビッチは、90分の疲れも見せず、客席のただ一点に向けて走り出した。ひとりの少年の姿を認めたのだ。

決勝ゴールを叩き込んだミランのエースはユニフォームを脱いだ。両手に掲げるとその少年に向かって投げ入れた。

「今まで、僕はたくさんの監督に出会って来た。しかし、君の父親から学んだことが、一番大きかった。それが、今日分かった」

視線の先にはセリミルがいた。

以上のような記述がオシムの伝記にはある。

しかし、本当だろうか、と私はまた考え込んだ。ピッチの中から広いスタンドを見上げて、たったひとりの少年を特定できるものなのだろうか。オシム本人に確認を取ると、

「試合前に私とセリミルが来ていて貴賓席に座っていたことを、サビチェビッチは知っていたのだ。彼は試合が終わると真下に駆け寄って来て、息子を呼んだ。そこでユニフォームを手渡した。それは事実だ」

チャンピオンズリーグを制したACミランの10番のユニフォームは今、オーストリアのセリミルの部屋に丁寧に保管されている。

リーグ優勝2回、メンフィスカップ優勝3回、スーパーカップ優勝3回。チャンピオンズリーグ・ベスト16。8年間のグラーツでの革新的な成功は、祖国を出たオシムが、世界にその知性を知らしめるに十分な結果だった。欧州サッカーシーンではアウトサイダーに過ぎないオーストリアから分厚い存在感を放ち続けた。

やがて新しい挑戦を図ることになる。グラーツを離れた理由については、ワンマンオーナーとの確執などが取り沙汰《ざた》されたが、オシムはそれについては案の定、口を噤《つぐ》む。

「まず、オーストリアからできるだけ離れたかったというのが、ある。結局8年いたわけだから、新しい環境に出かけて、そこでまた自分が学ぶということに関心が移った」

では、と少々、意地の悪い質問に移る。

——他のアジアや中東、例えば韓国でもよかったんですか？　韓国からオファーがあったら韓国へ行ったのですか？

オシムは即答した。

「行っていない」

——どうしてですか？

「行っていたかもしれないけれど、行っていないと思うよ。ユーゴスラビア代表監督の時代、イタリアW杯にウバガイが来ていた。その人間から誘われたというのは、やはり大きかった。お互いが理解し合っているほうがいいだろうと、その時決めたのだ。ヨーロッパやサラエボからは遠いが、自分が挑戦したい気持ちには勝てなかったということだ」

再び欧州の主たるビッグクラブからオファーが舞い込む中、極東Jリーグの最も年間予算が低いクラブに決めた要因は、ジェフの祖母井《うばがい》秀隆《ひでたか》GMの熱意だった。オシムは記憶していたのだ、イタリアW杯の時に日本人の集団が自分を訪ねて来ていたことを。それが、大阪体育大学を指導していた祖母井とその学生たちだった。

ベングロッシュ辞任後の新監督を探していた祖母井は、オシムの代理人からの売り込みファックスをジェフのオフィスで目にすると、リストアップしていた他のすべての監督候補の名を消した。90年以来、いつかは一緒にやってみたいと考えていた監督に手が届こうとしているのだ。

グラーツの自宅の電話番号を入手すると、粘り強く、毎日ダイヤルした。なかなか「ヤー（はい）」と言わないオシムに対して、２００２年12月、祖母井は直接の交渉に飛んだ。

１８６０ミュンヘン、パリ・サンジェルマンが粘り強くオシムにアプローチしていたが、この誠意がオシムの決断を促した。

「直接、会いに来たのは君だけだ」

祖母井が訪ねた時、すでに独自のルートからジェフの全選手の名前と顔はインプットされていたという。

余計な挨拶《あいさつ》は要らない。選手たちには怪我《けが》をしないようにまず、祖国に伝わる厄除《やくよ》けのテーブルノックをしてやろう。

サラエボ五輪に使われた屋外競技場。墓標で埋め尽くされていた

© Kimura Yukihik

第6章
イビツァを巡る旅

ツインタワーの復興

目の前に双子が聳《そび》えていた。

秋の陽光を浴びたＵＮＩＳビル、通称サラエボ・ツインタワーは、生まれたばかりだと言わんばかりにきらきらと光っていた。

モダンで、勇壮な外観を見て思い出さずにはいられない。

このビルが世界に対して最初のお披露目をしたのは、１９８４年のサラエボ冬季五輪の時だった。オリンピックが民間スポンサーを導入し始めた大会だった。空前の建設ラッシュが進み、ガスもない石炭燃料に煤《すす》けたちっぽけな田舎町が、一躍近代的な都市として生まれ変わった。その五輪のテーマ「冬、勇気、力」のシンボル。

それから8年が経過した１９９2年、再び国際映像に姿を現した時、この双子は膝元《ひざもと》から火を噴き、黒い煙に全身を包まれていた。炎上する痛ましさに悲鳴さえ聞こえてきそうだった。

ボスニアとはどこだ？　という視聴者にも、ツインタワーならば記憶の奥底から蘇《よみがえ》らせるのは、さほど困難ではない。

「冬、勇気、力」のシンボルは、皮肉なことにボスニア内戦を伝える格好の表象物にされた。以降、何度もこの映像はドキュメンタリーなどに使われる。

そして今、双子が三度目に担《にな》わせられているメッセージは「復興」だ。世界銀行や国連からの資金援助で化粧直しを済ませた立ち姿は、新生サラエボの顔としてこの地を訪れる要人たちを安堵《あんど》させる。

「あの燃えていたツインタワーがここまで修復されたのか」と。

終戦からすでに9年が経過した。けれど、憎悪の連鎖は決して断ち切れたわけではない。

内戦前、ツインタワーと並んで観光名所となっていた場所に行けばそれは分かる。

第一次大戦勃《ぼっ》発《ぱつ》の原因となった事件、オーストリア皇太子フランツ・フェルディナントがセルビア人青年ガウリーロ・プリンシボフの銃弾に倒れたその現場である。

オーストリア・ウィーン帝国側からすればプリンシボフはテロリストだが、帝国からの自立を模索していたスラブ諸国側からすれば、紛れもなくレジスタンスの英雄だった。皇太子を待ち伏せしたサラエボの建物の一角には、彼の顔のレリーフと足型が誇らしげに埋め込まれ、タクシー運転手たちは外国の客を乗せてそこを通る度に「どうです。サラエボは世界史の中心ですぜ」と自慢していたという。

ところが現在は、事件を記《しる》したプレートが挟《はさ》まっているだけで、レリーフも足型も跡形もなく取り外されているのだ。

原因はボスニア内戦以降、セルビア的なモノがサラエボから徹底的に排除されたことにある。プリンシポフがセルビア人であったことから憎悪の対象となり、世界史に残るこの英雄の軌跡ですら外されているのだ。

そのサラエボに、セルビア・モンテネグロ代表がやって来た。２００４年10月9日、ドイツW杯予選、ボスニア・ヘルツェゴビナ対セルビア・モンテネグロ、戦後初のサッカーの公式戦が行われるのだ。

イビツァ・オシムの故郷を1年ぶりに再訪するには、これ以上ないタイミングのように思われた。ボスニアとセルビア。かつて両国の名門クラブを率い成果を挙げたオシムは、その両国が憎しみ合い殺し合う、隣人殺しの戦争を、最後のユーゴスラビア代表監督として体験しているのだ。もしもそのオシムの息吹を感じるのなら、憎悪相打つこの一戦から切り取れないか。

遠く離れた日本でジェフは健闘を続けている。前年のチーム得点王チェ・ヨンスも元日本代表ＤＦ中西永輔《えいすけ》も移籍した。攻撃の核であるマルキーニョス、サンドロも怪我《けが》を負い、長期離脱を余儀なくされている。

それでもチームは、通算9勝5敗9分で上位をキープ。前年得点王のチェの放出を理由に、ジェフの失速を予想したサッカーライターたちを驚嘆させていた。

欧州へ飛び立つ直前に私が取材した9月26日のレイソル戦、10月2日のレッズ戦の会見では、またもアイロニーの衣を纏《まと》った「オシムの言葉」がその哲学を物語る。

PKを外して0－0で引き分けた柏戦。

「あのようなことが起きてもいいように、アスピリンを飲んでいたので心臓が爆発しないで済んだよ。蹴《け》る前に通訳に言ったんだが、外すと思っていた」

質問した記者がイタリアW杯のアルゼンチン戦を意識しているのは明白だった。

「PKに運がない？　監督になる前からPKには運がない。ずっとそうなので、もう慣れたよ。PKで勝ったとしても、本当の勝ちではないと思うようになったからね」

レイソルがアグレッシブに来ることは予想していたか、と聞かれて、

「私の予想通りだが、私だけが予想しても仕方ない。選手が準備すべきだ。ウチは体格から言っても対応できない。5、6人の選手を合わせても体重が250キロだから、全員がエレベーターに乗っても大丈夫なんだ。同じプレーをしても対応できないから、ボールを回さなくてはいけない」

次節の首位浦和との戦いについて質問が飛べば、主催試合が市原臨海ではなく、国立競技場開催になることについてチクリとフロントを刺す。

「ウチのホームゲームなのに、別の場所でやらなければならないのが残念だ。アウェイが続く」

真っ赤に染まるスタンドが思い浮かんだのだろう。レッズサポーターの動員を見込んだ営業方針に、オシムはあくまでも地元開催にすべきだと主張する。

「地域を大事にすべきだ。ジェフのサポーターは少ないが、それでも来てくれるのだから貴重な存在だ。大切にしなくてはいけない。遠く国立まで足を延ばせば、電車賃もかかるではないか」

FW3人が怪我で出場できず0―4で負けたレッズ戦では、

「レッズとはレベルが違うことを、私は最初から知っていた。これまでも何度か話をしたが、今日はその違いを補強しづらいほどだった。両チームともにしっかり走り、ボールを動かすことを目的にしている。しかし、レッズは、各ポジションにしっかりした選手がいて、その差は埋めがたいものがある。足を運んでくれたサポーターには申し訳ないが、今日はこの差を選手に学んで欲しい。いい選手から学ぶのは当然なことだ。しかし、そのような中でも3失点が個人のミスから生まれたのは残念だし、許されないものがある」

巻の1トップで臨んだ布陣については、

「中盤の攻防を制したいと思った。そして相手のストッパーを引き出す意味もあった。

レッズの3人のDFは、決して足が速くないからね。

しかし、長いセンタリングをペナルティエリア内で誰《だれ》も触れず、最後はエメルソンに決められるような、まるでアマチュアチームみたいなミスが起こっている。エメルソンの足が速いのは誰もが知っている。だからそこにボールが到達する前にカットしなくてはいけない。足元にボールを置かれ、後ろから追いかけても無理なのだ。そういう意味では完全なプロチームと呼べるまでには達していない」

PKはサッカーの本質とは異なる流れ。監督が分かっていても、選手に準備させられなくては机上の戯言《ざれごと》に過ぎない。日本人はホーム・アンド・アウェイの意味と利点を深く考えるべき。スカウティングも実行できなければ単なるファンの知識と同じだ。

これら、ひとつひとつの試合から普遍的なサッカー哲学を紡ぎ出す背景が、彼のサラエボを起点とした流浪の半生にあることは想像するに難くない。

サッカーから動き始めた民族融和

思いを巡らしながらツインタワーを越え、私はホリデイ・イン・ホテルの回転ドアを押した。瞬時に快適な空間が現れた。

フロアーロビーは明るい陽射しに溢《あふ》れ、たっぷりとした吹き抜けは開放感を与えてくれる。サラエボで唯一の5ツ星ホテル。しかしここにも血腥《ちなまぐさ》い記憶はべっとりとこびり付いている。

それは92年4月6日。

「サラエボの平和を求める」約2万人のクロアチア人、セルビア人、ムスリム人、すなわち3民族サラエボ市民が、共和国議会前をデモ行進していた。そこにセルビア系勢力の指導者ラドヴァン・カラジッチのスナイパーが、機銃掃射を浴びせかけた。悲鳴が上がると同時に10名の死傷者が出た。スナイパーが陣取ったのが、このホテルの最上階。逃げ惑う人々が駆け込んだのが、死角になったこのフロアー階だった。

包囲戦の最中、ここを東の起点として、西に延びる大通りは通称「スナイパー通り」と呼ばれていた。高層ビル街から狙撃《そげき》兵によって、動くものすべてが狙《ねら》い撃ちされたのだ。老人も子供も皆、必死になって走った。ホリデイ・インを見上げながら。

そのロビーで、待ち人が現れるのを待つ。

時間を潰《つぶ》すために広げたマッチデイプログラムには、ボスニアサッカー協会会長のミラン・イエリッチが挨拶《あいさつ》文を寄せていた。

オシムのグラーツ行きの理由を、「どの民族にも肩入れしたくなかったからだ」と私に解説を施したあのイエリッチである。

――ボスニア・ヘルツェゴビナの観客の皆様には、スタジアムに足を運んで我々のゲストに歓迎を表すようにお願いしたい。なぜならば罵詈雑言《ばりぞうごん》や侮辱の言葉の数々は不毛なものであるというのは明らかであり、それらはまた我々をドイツから遠ざけることになってしまうのです。私たちBIH（ボスニア・ヘルツェゴビナ）とSCG（セルビア・モンテネグロ）の共通の目的、そして集中すべきことは現在と未来にのみあるのです。我々のゲストとはもちろん、セルビア・モンテネグロ代表を指す。

そして現在と未来にのみ、か。通常W杯予選のプログラムは対戦相手との記録などから遡《さかのぼ》るものだが、過去という文字を払拭《ふっしょく》し、恨み骨髄のセルビアに対するボスニアサポーターの振る舞いを、穏健に収めようとしている。

誤解されがちだが、イエリッチ自身はセルビア人である。ボスニアは、内戦後、デイトン合意により民族ごとに棲《す》み分けがなされ、ムスリム人とクロアチア人の居住区＝ボスニア連邦（フェデレーション）と、セルビア人が暮らす地域＝セルビア人共和国（アール・エス）に分割されている。しかし、サッカー協会は２００２シーズンから統一されて３民族が同一リーグで戦っている。同様に協会幹部も偏りなく選挙で投票されて、イエリッチが会長の椅子《いす》にいる。ボスニア代表にもセルビア人選手はいる。パルチザンでプレーするＤＦのブラニミール・バイッチ、そしてハンブルガーＳＶで高原《たかはら》とプレーするＭＦセルゲイ・バルバレスがそうだ。

サッカー界では一足早く、92年以前の民族融和状態に戻っているのだが、一般社会は分割されたままで帰還運動も進んでいない。協会主導でサポーターに呼びかけるという複雑な状況にある。

いずれにしても、イエリッチが記したのは、肝心の試合については1行も書かれていないセキュリティのみに言及した異例の挨拶文だった。

嘆息交じりでコーヒーを啜《すす》っていると、ようやくセルビア・モンテネグロサッカー協会会長が、疲れた表情で現れた。昨日、サラエボ入りして以来、セレモニーや晩餐《ばんさん》会で分刻みのスケジュールを奔走していたと言う。

ドラガン・ストイコビッチはネクタイを外すとソファに腰を下ろした。私が聞きたかったのはこの試合をセルビア側はどう捉《とら》えているか、だった。

うん、という感じで頷《うなず》いてから妖精《ようせい》は話し始めた。

「今回の試合は、確かに勝敗の興味以外に、ふたつの国の関係を深める大きな意味があるのだと思う。いや、2国間関係のみならず、だ。試合が成立することでこの旧ユーゴ地域に対するいいイメージができるのではないかな」

気にかけるところはイエリッチと同様だった。

――ピクシーがサラエボを訪問したのは、あの戦争の始まる前のジェレズニチャル戦以来？

「いや、2年前に親善試合があったので、それで来たよ」

――ああ、そうか。クルスタイッチが活躍して2－0だった親善試合だね。コソボについては徴兵で勤務していたわけだけれど、サラエボについての感慨は。

ストイコビッチは昔の思い出を辿《たど》る時、少し首を傾《かし》げる。この時もそうだった。

「現役時代のサラエボについてはいい思い出しか僕にはないんだ。この地が成しえていた多民族共存の素晴らしい思い出しかね。それがあの馬鹿げた戦争、短い間に起こった愚劣な戦争で崩れてしまった。でもね……」

話の途中で悔しげに顔を歪《ゆが》めた後は、ほんの少しだが、綻《ほころ》んだ。

「今朝サラエボの中心、バシチャルシア通りをひとりで歩いて来たんだ。何も問題はなかったし、そこで出会ったボスニアのサポーターたちは皆、友好的に僕を迎えてくれた。駆け寄って来ては『ピクシー、お帰り』と声をかけてくれたんだ」

最後は弾んだ声になった。

――ベーハー（BH＝ボスニア）の協会と何か話し合いは事前に持った？

「セルビア・モンテネグロ協会としては、サポーター間に大きなトラブルがあってはいけないということで、セルビア本国からサポーターを連れて行くことは控えた」

――それは99年のユーロの予選、セルビア（当時ユーゴ）対クロアチアの時と同じ措置だね。

「でもこちら（ボスニア）に住んでいるセルビア人が多くスタジアムに来る可能性は予

想される。それの安全管理についてはベーハーの協会に任せてある。彼らはここの市民だし、我々が何か言うのは越権行為だから」

ワールドカップ予選の組分けで同じグループに入った瞬間から、このデリケートな対戦については幾度も話し合いが持たれていた。結果、サポーターは、ボスニア内のセルビア人共和国からのグループは入れるが、セルビア・モンテネグロ本国からは行かせないということで決着している。

——地元の記者会見で、こちらのメディアからサラエボ包囲戦について言及されるような質問を受けなかった？

受けた、と書きたい自分がいることを私は知っている。

「ネー、ネー、ネー」

即座にNe《ネー》（ノー）が3回響いた。

また不愉快なことを、というのが激しい語調から分かる。

「何も問題はなかった」

本当に私は、この男からいつか嫌われるだろうな。

——少し気になっていたことがあるのだけれど、試合場所が直前になってゼニッツァからコシェボに変わった理由は何だろう？

杞憂《きゆう》だった。

「ボスニアとスペインがゼニッツァで試合をした時に、サポーターに（スペイン代表の）バレロンが殴られたんだ。だからFIFAの裁定で会場が変更になった」

いよいよ本題に入る。

――この一戦についてオシムと話した？

オシムとストイコビッチ。サラエボ出身のクロアチア人とニシュ出身のセルビア人。最後の旧ユーゴスラビア代表の監督とキャプテンはともに認め合い、心血を注いでプラーヴィのために戦い続けて来た。しかし、92年の欧州選手権においてはその民族的立場から異なる双曲線を描く。

大会直前に内戦が勃発し、自分の故郷を攻めるような国家の代表監督はできないと宣言して辞任したオシム。片やストイコビッチは新ユーゴを率いて開催地スウェーデンに入りながらも、マルモでのイングランドとの初戦を行う前に国連のスポーツ制裁が下され、屈辱の強制帰国を強いられている。

互いに対するその心情を私は測れない。政治力学から言えば、この瞬間、それぞれの民族的立場は確かに対立し、フットボールをできない状況に追いやったのだ。

片や武力（＝包囲戦）に襲われ、片や政治（＝セルビア悪玉論キャンペーン）に貶《おとし》められた。

もちろん、それはオシムとストイコビッチが直接手を加えたわけではなく、「国家」

という得体の知れない、時に民意を無情に踏み潰す怪物が成しえた業なのだが……。

「当然話した」

ストイコビッチは明るく笑った。

「先日、日本へ行った時に、オシムと語り合った」

全く意に介していない。

「僕が今さら言うまでもない。オシムは非常に民主的な人物だ。性格のみならずメンタルもね。だから魅《ひ》かれるんだろう。あれほど素晴らしい人物はいない」

オシムについて語る時、ストイコビッチの口調は揺るがない。

私は昨年（２００４年）の取材を思い出す。ベオグラードの協会の会長室でストイコビッチは言ったのだ。

「自分が出会った最高の監督。彼に日本代表の指揮官というアイデアが出て来るのも当然だ」

ところが、帰国後、ピクシーの伝言をジェフのクラブハウスでオシムに渡すと、むしろ身を硬くした。

「愉快な話ではない。私が野心を持って彼にそう言わせたと思われてしまう」

内戦中のユーゴのフットボーラーたちは耳を塞《ふさ》ぎたくて仕方なかったとよく言う。

「戦争広告代理店」ですっかりお馴染《なじ》みになった〝やらせ〟を中心とした情報戦では、

集団レイプや民間人収容所での虐待等、他民族の非道の数々が続々と伝えられてくる。疑心暗鬼に苛《さいな》まれぬはずがない。

けれど彼らの信頼は微動だにしない。尊敬はし合うが、お手盛りの馴れ合いもしない。

「今日の相手は簡単なチームじゃないな」

現役時代のような顔をして最後に言った。

「この試合自体、平和の観点からすれば大きな意味を持つ。僕は昨日ＦＩＦＡの晩餐会でスピーチをした。そこに向けての発言をしたつもりだ。準備も周到に行ったしね。選手とは何度かミーティングをやって話をして、どういう意味を持つか分からせたつもりだ。彼らのモチベーションは最高になっているだろう。勝敗も大切だが、試合の前、最中、終わった後に何もないことを祈っている」

まだ消化すべき会合があるのだろう。土産《みやげ》の大分焼酎《しようちゆう》を受け取ると、ストイコビッチは足早に立ち去った。

遺体埋葬場となったスタジアム

街に出た。バシチャルシアに向かう。ボスニアサッカー協会は、ストイコビッチがサポーターに温かく迎えられたというこの旧市街の中ほどにあるのだ。

見上げれば、モスクの尖塔《せんとう》が青い空を鋭角に切り取っていた。両脇には中世オスマントルコを思わせる平屋レンガ作りの店が立ち並ぶ。

香ばしいコーヒーの香りと、チェバプチチの焼ける匂《にお》いが渾然《こんぜん》となって鼻腔《びくう》をくすぐる。

オシムはどう気持ちを制御して毎日を過ごしていたんだろう。石畳を踏みしめて歩きながら、昨日の風景を思い出していた。

私はゼトラのアイスアリーナスタジアムにいた。内戦中にアシマが暮らしていた家が、その近くにあると聞いていたからだ。

「オリンピックで有名なゼトラの近くよ」

半ば誇らしげに語ったその現場に着いた時、陰鬱《いんうつ》なデジャヴ（既視感）に全身が囚《とら》われた。

ここだったのか。

サラエボ五輪に使用された屋外競技場は、見渡す限り白い墓標で埋め尽くされていた。伝え聞く、遺体を埋葬する場所がなくなり、グラウンドに埋めたという場所とはここだった。かつて世界中から集《つど》った秀抜なアスリートたちが踏みしめた大地が、巨大なる霊園に姿を変えている。

墓碑銘に刻まれた年代は言わずもがな。

寿命の長短はあれど、ほとんどすべてが1992年から1995年でその生涯を閉じている。

生を受けた年から逆算すれば、上は70歳過ぎから、下は5歳未満まで。

乳児や幼児は直接撃たれた者、そして餓死者である。

埋葬は爆撃や狙撃の照準が定まらない明け方に行われたという。

自宅からは否《いや》が応でも視覚に入ってくる。アシマは、日に日にグラウンドを覆ってゆく墓標を見るたびに何を思ったのだろう。

死がすぐ近くにいる場所に妻を置き、オシムはどんな気持ちで無線機に向かったのだろう。

包囲戦で命を失った者の数は約1万2000人。試合やトレーニングの前、後、あるいは最中。今、この瞬間に家族の訃報《ふほう》が飛び込んで来ない保証はどこにもない。そんな状況でプロフェッショナルチームの指揮を執った。2年半続き、いずれのクラブでも全欧州に鳴り響く大いなる結果を残している。

その強さはどこから来るのか。

スラブ民族は苦難をユーモアで包む竹のようなしなやかさを持つと言われている。アウシュビッツの中ですら、自虐的なジョークはあった。

サラエボっ子もまた置かれた境遇を笑い飛ばそうとした。

停戦協定が全く意味を成さず、戦火が肥大した93年に、「ミス包囲戦コンテスト」が行われたのは有名な話だ。イエリッチによれば、肌を露《あら》わにしないはずのムスリム人女性も水着審査に登場したと言う。

オシムのユーモアはもちろん個人のキャラクターに依《よ》るところも大きいが、笑いの中にどこか哀《かな》しいスラブの哀愁を感じずにはいられない。

2004年5月2日対柏レイソル戦後「記者の皆さんは失望しているかもしれないが、ということは私はもっと失望しているということ。でも人生はこれからも続くよ」

同年6月16日対FC東京戦後「誰《だれ》かがボーっとしていて失点してしまっている。ジェフの問題は、家でゆっくり眠れていない選手がいることだ。だから、その代わりにグラウンドで寝ている。その代償は大きい」

同年8月1日対レアル・マドリード戦後「レアルと違い、ジェフは今いる選手で戦っていかなければならない。人生もそう。自分たちが歩むべき道を探していかなければならないのだ。日常生活の中で、平坦《へいたん》な道のりはない。上に上がっていくには何らかの危険を冒し、何かを犠牲にしなければならないのだ」

このコメントを残したレアル・マドリード戦については逸話がある。

レアルがジェフとの対戦を望んだのは、オシムの存在がゆえと言われている。我が銀河系軍団からのオファーを袖《そで》にした監督が作り上げた集団とはいったいどんなものなのか、直接、確かめるべくマッチメイクされたというわけだ。

この試合における取り決めで、オシムが最後まで拘《こだわ》ったものがある。主催者側は選手同士のユニフォーム交換を禁じるという通達を出した。これに猛反発したのである。

「90分間戦った選手が、互いに健闘を讃《たた》え合う意義あるセレモニーを、なぜ禁止するのか」

サッカーが本来持つ歓《よろこ》びを、肥大した商業主義が駆逐しようとする時、オシムは怒りを露わにする。

レアルとの対戦で佐藤勇人は、マッチアップするデイビッド・ベッカムに激しくいこうと決めていた。前半から猛烈なタックルをぶちかます。12センチの身長差はいきなり吹っ飛んだ。イングランドの貴公子を本気にさせるに十分だった。今度は勇人が後ろから削られた。譲らぬ意地の張り合いは試合終了まで続いた。ホイッスル。親善試合には似つかわしくない熱いバトルを終えて、ロッカールームに戻っていた勇人を訪ねる者がいた。ベッカムも全《すべ》てを理解していたのだ。「あの7番はどこにいる？」。イングランド人の右手にはしっかりとユニフォームが握られていた。一切の躊躇《ちゅうちょ》無く立ち向かって来た真摯《しんし》な姿勢に応《こた》えて、互いの戦闘服は交換された。脱ぐ瞬間、勇人はチラとオシムを見遣《みや》った。

監督に叱《しか》られるかな、と思った勇人の懸念は杞憂だった。オシムはそ知らぬ顔をしていた。

サッカーの神に頭《こうべ》を垂れ、力を出し切った勇人の意志を誰が止められるものか。ルールのためのルール、規則のための規則など、豚に食われてしまえ、だ。

思い出して笑みが漏れた。

「天国から来た人間」

気がつけば、サッカーボールにボスニア地図をあしらったエンブレムがはためくビルの下にいた。

協会では取材のアクレディテーションを受け取ること以外にもうひとつ目的があった。それはヨシップ・カタリンスキーに会うことだった。

74年の西ドイツW杯にユーゴ代表として出場した長身DFは、地元のクラブ・ジェレズニチャルでオシムの後輩に当たる。

サラエボでオシムのことを聞くのなら、カタリンスキーがその役に最も適しているというのが、ユーゴサッカー関係者の一致した意見だった。ユースで出会った10代からほぼ半世紀にわたって交流が続く、一番近しい仲だという。

現在はクラブの幹部として、育成に携わっているが、サラエボ名誉市民でもあり、現役時代のカリスマ性は色あせることなく残っている。スロベニアのリュブリャナからサラエボまで、案内をしてくれた運転手のフラドは、カタリンスキーがスペイン相手に決めたゴールに、いかに自分が興奮したかをとうとうと語ってくれたものだ。

「イヴァンは自分のアイドルだよ。ずっとこの50年の間」

名誉市民はいきなり現れた日本人に気さくに語り始めた。

「指導を受けていた我々はイビツァをこう呼んでいたよ。『天国から来た人間』と。コーチであると同時に教育者だった。彼の教えのおかげで私は世界選抜に選ばれたと思っている」

カタリンスキーはたいへんな知日家で、聞けば、在日ボスニア大使に、というオファーもあったそうだ。結局サッカーの仕事から離れられず、大使（当時）のヴラディミール・ラスプディッチが彼の代役で来日したという。

「ハッハッ、私が日本贔屓《びいき》なのもイヴァンの影響だよ。東京オリンピックから帰って来てから、興奮して我々に話したものだ。『すごい近代的な大都会だった。テレビに色はついているし、人は親切で誠実だ。とても歓迎されて、すぐに好きな街になった。選手用に無料で自転車を貸してくれて、いつもそれを乗り回していた』と」

——我々日本人は当時のＪＯＣに感謝しなくてはなりませんね。ところで、ジェレズニチャルで彼が監督になった頃《ころ》の話をお聞きしたい。指揮を執り始めたばかりのオシムが、選手のセレクトで留意していたのは、どんなことだったのでしょうか。

「今でもそうだと思うが、無名でもモラルの高い選手を選んだ。チームは11人のフィーゴやベッカムを選んでもダメなのだ。当時は山岳地帯出身の忍耐強い、気持ちの強い選手を選んでいたな。サラエボ、トゥズラそしてモスタル」

何という符合だと思った。セルビア勢力が砲撃したサラエボ、クロアチア勢力が徹底的に破壊したトゥズラ、モスタル。それぞれが内戦時に激戦地となった都市。気持ちの強かったというオシムのチルドレンは、抵抗運動に加わったのだろうか。無事に今も過ごしているのだろうか。

それでか、とも同時に思った。

オシムは内戦時に自分がサラエボにいなかったことを、強烈な負い目として感じている。心から愛して止《や》まなかった故郷で人が殺されている時、別の場所にいたことを「一生かかっても消えない自分にとっての障害《ハンディキャップ》だ」とまで言い切る。公務、つまり代表監督として包囲される前にたまたまベオにいたこと、帰ろうにも戻れなかったことは、彼の中では言い訳にならない。死んだのは撃たれた者だけではない。隣人が殺し合う惨《むご》い状況に絶望して、自らを手にかけた自殺者の数のいかに多いことか。絶望、そう、皮肉なことに理想郷だったサラエボを知る者だけが、感じられる感情。ベオにいた代表監督も間違いなくその淵《ふち》を覗《のぞ》いていた。

92年のオシムの状態を尋ねた。私には仮説があった。代表監督を辞す際に、心を許せる友には何かを語っていたのではないか。

四六時中メディアから言動を監視され、貝になっていたオシムが、素直に心情を吐露するとすれば、その相手は境遇が理解できる同郷の幼馴染《おさなじ》み＝カタリンスキーではないかと思っていたのだ。

予感は当たっていた。返って来た答えは、既出の記事や本人のインタビューには出てこない、初めて聞いた話だった。

「あの時、まだ郵便局がかすかに機能していた頃、イヴァンはベオグラードから私に電話をかけてきた」

カタリンスキーは、搾《しぼ》り出すように言った。

当時、すでにボスニアの選手たちはユーゴスラビア代表でのプレーをボイコットしていた。スシッチ、ハジベキッチ、バジダレビッチなどが……。

「そしてこう言った。『ヨシップ、君の口から皆を説得してくれないか』と」

オシムは最後まで彼らをスウェーデンに連れて行こうと考えていたと言う。

「もちろん、イヴァンも、イヴァンの家族も厳しい状況下にあった。しかし、決して彼は直情的に代表監督を辞めたわけではないのだ。何とか選手をベオグラードに送ってくれないか、と私に言って来た。彼は最後の最後まで、多民族融和、ユーゴスラビア主義者として振る舞った。監督の中には、居丈高にスラングを使って選手を罵倒《ばとう》したりする者もいるが、彼は絶対にそういうことをしない。

私は祈るような気持ちで国外にいるボスニア人選手たちに聞いた。しかし、彼らは極めて冷静に、もうプレーはしないと言い切った」

オシムに彼らの意向が伝えられた。その時に辞意が固まった。

「これでユーゴスラビアは終わった、とオシムは考えたのだ」

自伝『Das Spiel des Lebens』でミヤトビッチが語った興味深い記述がある。

92年にスウェーデンに向かったプラーヴィ一行は途中、チューリッヒの空港でトランジットをした。そこにはバジダレビッチとハジベキッチが待っていた。

これから大会に向かう代表選手団。そして自らの意志で、そこでのプレーを拒否した主力選手ふたり。ボスニア人はそれでも、これから戦いに出るチームメイトたちに一目会うために便を調べ、チューリッヒまでやって来た。多くを語ったわけではない。ただコーヒーを飲んで無言で別れた。本来であればオシムの下で欧州制覇を共に戦う仲間だった。互いの無念さは想像するに余りある。

今晩は、その分裂した2チームが初めての公式戦を行うのだ。国を出ているペジャ

(＝ミヤトビッチ)もハジベキッチも、そしてオシムも、注目しているはずだ。バルカン半島、旧ユーゴの国際試合は悲しいことに、葬り去りたい記憶といつもセットでついて来る。

「この一戦」を見る前に、サラエボ戦の残滓《ざんし》を検証しようと思った。

カタリンスキーに礼を言って辞した。

ホリデイ・インに戻って、タクシーを拾う。ドライバーはムスリム人女性で、チェルギ・ファティマと名乗った。

「そういうことなら、試合の前に見せたいモノがあるわ」

ファティマはカラリと明るく言い放つと、アクセルを踏んで車を飛ばした。この明るさがないと、この地域では生きていけない。

両脇に並木が連なる通りを越え、やがて前方に橋が見えて来た。

「ここで捕虜の交換がなされたのよ」

ハンドルを片手に指をさした。

クストリッツァの映画、『ライフ・イズ・ミラクル』にも出てくる橋の上での捕虜交換シーン。

「橋の名は知っているでしょう？」

皮肉っぽく笑いながら言った。

知っている。兄弟愛と統一愛、の橋だ。兄弟は殺し合い、統一は分裂に変わった。

小高い山がどんどん近づいて来る。

ファティマはあろうことか、ジェレズニチャルのスタジアムに私を連れていった。「チェトニック（＝本来セルビア王党派、ここではセルビア軍への蔑称《べっしょう》として用いている）がこのスタジアムに立てこもって、ロリスの建物まで無差別で撃って来た。200m先までが奴《やつ》らの支配地で、そこから雨のように機銃が降り注いだのよ」

選手として、監督として、オシムがキャリアをスタートしたところ。その誇るべき場所が、サラエボ戦のひとつの象徴になっている事実。

スタンドの壁一面はまるで、思春期のニキビ面だった。銃痕《じゅうこん》がこびり付き、凹凸が不細工な陰影を作っている。

忌《い》まわしい記憶が蘇ったのだろうか。ファティマの顔が曇《くも》りつつあった。

ピッチに降りると、サイドラインの奥に蒸気機関車が鎮座していた。鋼鉄の無骨な面構えが、「体制は代われども元来が鉄道員のクラブであることを忘れるな」と言っているようだ。

1年前、私は2001年からここジェレズニチャルの監督を務めるオシムの長男、アマルに会っていた。

現役時代、MFとリベロをやっていたアマルは、85年から1年だけ父の下で指導を受けたと言っていた。

　自分は若すぎて親父の要求に応《こた》えられなかった、一番下のレベルでそれは悲劇だった、厳しかった、父は哲学が根底にあってどこでも結果よりもビジョンを重視してチームを作るんだ、家にはめったに仕事を持ち込まなかったな、戦争中、5年間家族はバラバラだった。そんなことをつらつらと語っていた。

　アマルがジャーレの監督を解任された時は、サポーターによる解任反対デモまであった。

　よほど鉄道に縁があるのか、今、アマルはJR東日本をスポンサーに持つジェフのコーチをしている。

「ここも占拠されていたのよ。包囲戦の時のことを話しましょうか」

　ファティマがふいに言った。

「1リットルの油が50マルク、砂糖1キロが50マルク、粉ミルクが60マルク、卵が7マルク。人道援助団体からもらっていたのは最低限の食糧よ」

　アシマもそうだが、当時の物価を今でも明確に覚えていることが、いかに困窮していたかを物語る。

「サラエボ市民はまさか、ボスニアまでが戦争になるとは思ってもいなかった。ところが、クロアチア戦争が終わってからどんどん銃器が運ばれて来ていた。気がつけばチェトニック軍が周囲を囲んでいた。それまではこんな地獄が待っているとは誰も信じていなかった」

だから、オシムとアシマも何の疑念も持たず、日常は続くと信じてサラエボ空港で別れたのだ。

ファティマは完全に記憶の蓋《ふた》を開けたようだ。

感情が途絶えたような平らな声色で続けた。

「あれはユーゴ人民軍の第7方面軍。市民を4年間も空腹と極寒に追いやったのよ。正直に言って、試合をするのはまだ尚早かと思う。あの戦争を忘れるけれど許せないというのが、今の気持ちよ」

――ファティマ、実はこのスタジアムでかつて監督をしていた男のことでサラエボに来たんだよ。

途端にすべてを理解したようだった。

「イビツァ・オシム？」

――そう。

声が詰まった。

「オシムは、あの頃、サラエボの星だった。食料はなくなるし、狙撃を恐れて街を歩けなかった。寒くて、凍えて……。誰が誰にレイプされたとか……。信じられず、仲が良かった友人が、密告し合う……。想像を絶する暮らしが私たちを待っていた。そんな中で、オシムが我々に向けて言った言葉、『辞任は、私がサラエボのためにできる唯一のこと。思い出して欲しい。私はサラエボの人間だ』……そしてその後の彼の活躍を、皆が見ていた」

ファティマは言い切った。

「間違いなく……、わが国で……、一番……、好かれている人物です」

セルビア人地区での体験

2時間後、コシェボの試合会場に向かうファティマの車の後部座席で、私は猛烈な後悔に襲われていた。

スタジアムを後にして、パレに向かって欲しいと彼女に告げていた。

パレ＝現在ボスニアを構成するもうひとつの共和国、アール・エス（RS＝セルビア人共和国）の都市である。ここにはセルビア人勢力総司令部があった。ボスニア内戦時、最大の非人道行為であるスレブレニッツァの虐殺（約7000人のムスリム難民を虐殺したと言われている）を指揮し、旧ユーゴ国際戦犯法廷に起訴されているラドヴァン・カラジッチが現在も潜伏しているとの噂《うわさ》もある場所。

パレのセルビア人たちが、今日の試合をどう見ているかを撮りたかった。

ファティマは拍子抜けするほど気軽にOKと言ってくれた。

サラエボナンバーの車がパレの街中に入ってからも別段、問題はなく、カフェにたむろする中年セルビア人の集団に、私が取材に向かった時も、そこで待っているわ、と脇《わき》の椅子を引いて彼女は座っていた。

アール・エスのセルビア人たちは相変わらず、取材に対する不信感を強く持っていた。情報戦に敗れ、世界の悪者にされたとの被害者意識が、彼らの全身を覆っているのだ。

「話はしたくない」「どうせ歪曲《わいきょく》して伝えるのだろう」「帰ってくれ」と取り付く島もない。

そこに6人ほどいた全員が、デイトン合意後、サラエボの家を追われ、パレに難民となって逃げていたという背景もあった。

取材を半ば諦《あきら》めて、席を立とうとした時だった。中で最も尊大な態度をとっていた男が突然、ファティマに気づいて叫んだ。

「おい、あの女は何人《なにじん》だ?」

わざわざ指を指して挑発しだした。

ファティマは健気《けなげ》に背を向けて、聞こえないふりをしていた。

——何人だろうが、関係ないだろう。

「ムスリムじゃあないだろうな。あんな奴らとは、もう暮らせないぞ。あいつらのせいで俺《おれ》たちがこんな暮らしをしているんだ」

仲間の顔を見渡す。

ムスリムと分かって聞いているのだ。

マスメディアが触れないアール・エスのセルビア人の惨状については、私も使命感から記事にして来た。しかし、そこで出会った男は最低の奴だった。大勢の中で、ひとりしかいない他民族に対して恫喝《どうかつ》していい気になる、他民族を侮辱することで愛国心を誇示しようとする日本でもよく見かけるポピュリストだった。どんな民族でも最低の奴はいる。

心の底から怒りが込みあげてきた。思い切り日本語で怒鳴りまくった。理不尽に対して怒っていることを伝えるのは責務だ。

ファティマに帰ろうと声をかけて、車まで走った。

ファティマの顔が、悔しさと悲しさで大きく歪《ゆが》んだ。

私は車内で詫《わ》びた。

自分の仕事のために、「忘れるけど、許せない」と言っていた相手の場所へ向かわせて、忘れかけていたトラウマに抵触させたのだ。

ファティマは、ハンドルを切りながら淡々と答えた。

「あなたが、謝ることはない。でも私はあの男を知っている。大学教授だった。何のために教育や学問はあるのかしら……」

再び後悔が強まる。同時に不安もたげてきた。

今晩の試合は無事に終わるのだろうか。

胸騒ぎとともに、コシェボの歓声が聞こえて来た。


3万2000人を飲み込んだスタンドには防護フェンスが特別に設置され、その前を完全装備の機動隊が取り囲んでいる。ボスニア最高レベルの警備体制とのこと。

試合が始まると、ホームのボスニア側サポーターから辛辣《しんらつ》なヤジと怒号が降り注ぐ。

「イエベンティ・マテル・チェトニツェ！　ヘイヘイヘイ！」

チェトニック野郎、お前の母ちゃんを姦《や》っちゃうぞ！　姦っちゃうぞ！　ヘイヘイヘイ。

横断幕を見れば「FORZA　DELPONTE!」行け！　デルポンテ、とはハーグ戦犯法廷の主席判事の応援。きっちりとセルビア人戦犯を裁いてくれとの意味だ。対してセルビア・モンテネグロ側のゴール裏には40人ほどだろうか、完全に隔離されたアール・エスから来たサポーターたちが、ポツネンと国旗を振っている。

セルビア・モンテネグロは引き気味に試合を進め、カウンターを狙う。ペトコビッチが監督に就任してから、クルスタイッチを中心とした堅守のチームにスタイルを変えている。キレやすいと言われたプラーヴィの面影はそこにはない。しかし、攻撃に関してはリスクを冒して崩しに行かない。ホームのボスニアはエース、サリハミジッチを怪我で欠いているために、前線に迫力がない。時に殺気立つが、周辺の温度の高さとは異なり、互いに仕掛けの遅い試合だった。

0－0で主審のフランス人、ヴェイシエールはホイッスルを吹いた。

試合後、ミロシェビッチがプレスに囲まれていた。彼はアール・エスの出身で、セルビア・モンテネグロ代表でのプレーを選んでいる。

生まれはボスニア、民族籍はセルビア、代表チームはセルビア・モンテネグロという複雑さだ。

「俺は今日、故郷に外国人として迎えられた」と苦笑交じりで語り出した。ブーイングとヤジがすごかった。

「昔のユーゴのほうが良かった。今ではナショナリスティックな要素が客席に蔓延《まんえん》している」とも言う。

それでも、私は安堵感が身体に広がるのを感じていた。

ボスニアとセルビアが無事に公式戦をこなした。その事実が大きい。ストイコビッチの言う「バルカンの融和」に向けてのまずは1歩を踏み出した。

私は、サッカーをすれば民族間に横たわる憎悪が断ち切れると言い切るほど、世界を舐《な》めてはいない。しかし、全く没交渉であった人の流れが、揺らぎだすことは実感としてある。

翌朝、6時の便に乗るためにホテルを5時にチェックアウトした。

スーツケースを転がし、ようようと白み始めた空を見上げながら外に出ると、突然クラクションが鳴った。

ファティマがいた。

「便名を聞いていたから、空港まで送りに来たわよ」

私は間違いなく、サラエボでオシムと再会していた。

この街はもう気づいているのかもしれない。いつか彼が帰ってくることを。

第7章
語録の助産夫

練習場近くのお気に入りの魚屋さんにて。今夜の肴を選ぶ。© Shintaro Suda

通訳が語るオシム語録の真髄

オシムは日本語を解さない。そこで出てくるのが、間瀬秀一である。クロアチアリーグでプレー経験のあるジェフユナイテッド市原・千葉の通訳。オシムの記者会見やインタビュー映像を見たことのある人は、絶妙の間《ま》で言葉を紡ぐ間瀬の姿を見たことがあるはずだ。

練習で、試合で、あるいは会見場で二人羽織《ににんばおり》のように監督に連れ添う男は、言霊《ことだま》・オシム語録の助産夫とも言える。

間瀬の背景について記《しる》す時、その結論は多様な価値観に合わせる順応性に辿《たど》りつく。

彼は現役生活をすべて海外で燃焼した稀有《けう》な日本人フットボーラーだった。

日本大を卒業後、単身海外に渡り、サッカーで生活を立ててきた。渡り歩いたのはアメリカ、メキシコ、グアテマラ、エルサルバドルそしてクロアチア。プロとして稼いだ通貨単位はそれぞれ、ドル、ペソ、ケッチャル、コロン、クーナ。それぞれの地は、言語は違えどもひとつになってしまった欧州とは異なった多様性がある。

「行く国、行く国、貧しい国。行く先、行く先、苦しい場所。ツテもなくて２部とか３部ばっかりで、スタジアムも小さくて環境も悪いわけですよ。住むところも食べるものも貧しいわけです。で、サッカー辞めようかなと何回も思った。でもそこのチームメイトと同じものを食べて、同じ生活をするうちに見えてくる。俺《おれ》がこんなに苦しいってことは、そこの国の人、みんな、苦しいわけです。彼らに愛着が湧《わ》いて来たんです。どんな環境であろうが、そこに人が住んで生活を営んでいる。１部でも３部でもやることは結局同じサッカー。

人生なんて、みんな、価値観、それぞれ違うわけじゃないですか。サッカーなんてどうでもいい、サッカーなんて嫌いな人だって世の中にいるわけです。でも自分はサッカーを好きで、とことん追求することができた。代表になれたわけではない。サッカーで大金を稼いだわけでもない。それでもね、確かに自分は貫いたという自負があります」

その間瀬が再びザグレブに渡ったのが、２００２年10月のことだった。現役を辞めた後、２００２年Ｗ杯を日本で過ごし、セカンドキャリアについて、Ｊリーグの通訳を目指そうと考えたのだった。

セルビア、クロアチア、モンテネグロ、スロベニア、マケドニア、多くの旧ユーゴ出身の選手が、Ｊの禄《ろく》を食《は》んでいる。再度クロアチアでセルボ・クロアチア語をブラッシュアップしようとの決意だった。

間瀬はザグレブ大学の哲学科にあるクロアチア語の3カ月コースに入った。

初日に20人の受講者に向けて筆記と会話のテストが行われた。ピッチ上にはノートとペンは存在せず、筆記はさっぱりできない。しかし、会話については、サッカーチームへのトライアウトのノリで、自己紹介の時から喋《しゃべ》りまくり、ひとり舞台となった。

すると、こいつはかなりできる、喋れる奴《やつ》だ、ということになり、一番レベルの高いクラスに入れられてしまった。

クラスメイトは、在外クロアチア人の2世や3世で、ほとんど母国語に近く習得している学生たちだった。通訳をしたくて文法を基礎からやりたかった間瀬にしてみれば、全く授業について行けなかった。2、3回出てみても苦痛でしかない。ついに担当の教授に「自分は通訳をやりたいので、まずグラマー（文法）を直したい。だから下のクラスに行かせてくれないか」と頼んだ。

ところが、この女性教授はものすごく厳しかった。

「認めません。あんたはここにいるべきです」といきなり言い放った。

「私の言うことを聞きなさい。私のクラスにいて損した学生はいない」

威厳を持ってのもの言いに気圧《けお》された。

間瀬は全く理解不能の授業を昼過ぎまで受けて、午後から図書館で文法を独学した。

勉強を続けながら、ユーゴ系の選手が在籍したことのあるJリーグの各クラブにEメールで履歴書を送り続けた。

ジェフ市原から、連絡が入った。イビツァ・オシムという監督と契約する。ついては

GMが１月の中旬にオーストリアに行くのでそこに来て欲しいという。

クロアチアでプレーをしていながら、間瀬はオシムの存在を知らなかった。ジェフに

メールを送ったのも、スロベニア代表のミリノビッチがいるからだった。

それでも。とにかくグラーツに向かった。指定されたレストランに入ると、至る所か

らセルボ・クロアチア語が耳に飛び込んできた。店員も客もユーゴ系の人間が多い。

第一印象は「でかい」だった。

間瀬には、初対面のこの監督が何か、ただならぬ空気を発しているように感じられた。

長身で威圧感があるが、時折、顔色ひとつ変えずにボソリと飛ばす風刺の利いたジョ

ークは、テーブルを笑いの渦に巻き込む。

間瀬は年代が近いということもあり、主に同席した次男のセリミルと話していた。

会食は実は通訳としての採用のテストを兼ねていた。

オシムは間瀬が席を外した時にセリミルに顔を向けて聞いた。

「あの男、どう思う」

10代でサラエボに帰れなくなって以来、自分と苦労を共にして来たセリミルの慧眼《けいがん》を

信じている。

「はっきり言って、あいつはクロアチア語はそんなにうまくない。だけど、人間的には人を騙《だま》したりするような奴じゃない。通訳はだから彼でいいよ」

オシムは頷《うなず》いた。

翌日、間瀬がザグレブに帰ると、もうスポルツキ・ノーボスチ紙が祖国最高のサッカー監督の動向を1面トップで伝えていた。

「オシムが日本に行く」

間瀬は、ひとつの記事に目が釘付《くぎづ》けになった。オシムがコメントを出しているのだ。

――ギリシアでは通訳に裏切られた苦い思い出がある。情報を勝手に外に流されていた。日本では絶対にそんなことがあってはならない。

「いきなり厳しい言葉を読んで、プレッシャーと同時に身が引き締まりましたね」

ふと、この話を聞いて私は思った。オシムは採用を決めた直後、すぐに間瀬に対してのメッセージを送ったのではないか。

元サッカー選手が、ザグレブに帰ってクロアチアのスポーツ紙に目を通さないはずがない。俺はこう思っているぞ、とメディアを通しての間接的な発信伝達。

間瀬は世話になったザグレブ大学の女性教授に挨拶《あいさつ》に行った。結果的に最高レベルのクラスで間違いはなかったのだ。

「イビツァ・オシムという人の通訳をやることになったので帰国します」と報告した。

すると、厳格だった教授は、初めて見せる地の表情で驚愕《きょうがく》した。まるで普通のおばさんになった。

「ええっ、あんたオシムの通訳やるの？」

「はい」

「メチャクチャ有名な監督じゃない！」

「そうなんですか」

「そうよ。ねっ、ねっ、私の言った通りでしょ。私のクラスにいて正解だったでしょ。けど、あんたがクラスで一番の出世かもしれない！」

２００３年１月、間瀬は日本に帰国すると、実家に戻る時間もなくジェフのキャンプ地である韓国・海南に飛び立った。

こうしてオシム語録の通訳は誕生した。選手もメディアも間瀬を介してオシムと繋《つな》がる。「言葉」の重要性と危険性を説く指揮官にとって通訳は最も大切なツールである。来日してから3年目、常に行動を共にして来た間瀬が語る語録の真髄。

暗黙の了解が何通りにもある

最初に監督の通訳をやる上で、関係者から言われたのは、通訳の中には立場を誤解して自分が監督みたいに振る舞ったり、命令したりする人間がいるから、そこは気をつけて欲しいということでした。

だから、当初はマシーンじゃないけれど、監督の言ったことをただ訳して、選手に伝えていたんですよ。でもね、それじゃあ、やっぱり絶対伝わんないんですよ。監督が何かを言う。で、100パーセント、日本語で伝える。伝わったはず。なのに、選手ができない時がある。てことは、伝えたことになってないんですよ。選手が理解できなかったり、意味は伝わっているんですけど、意図が伝わっていない。

動けない。あぁ、これは、もうダメだなと。

例えば、気持ち的にモチベーションを上げられなくて、選手ができないのか。技術的に足りなくて、できないのか。でも、やってなかったら、僕が怒られるんですよ。そこで、思ったんです。この仕事って、通訳じゃないなと。そこで、やり方、変えたわけですよ。

言ったことをやらせないと勝てないですから。極端に言うと、通訳としての指導力と言うんでしょうか。言葉を訳す力だけじゃなくて、どうすれば選手ができるようになるのか、そこら辺のやり方を考えました。

前も話しましたけど、僕はいろんな国でいろんな監督を見てきましたけど、この監督は本当にすごいなと思うし、この監督のサッカーが実現できたら、絶対チームが強くなるという確信があるんです。

だから、まず伝わるように訳す。例えば監督がギャグを言う。そしたら、絶対笑わしてやる。

監督が諺《ことわざ》を言ったら、絶対、聞いている人を「おおーっ」と言わせてやる。じゃないと、監督が僕に不信を抱くじゃないですか。なぜ、俺、ギャグ言っているのに、笑っていないんだって。

で、もちろん、内容は変えてないですけど。分かりやすい言い方とかはしているかもしれない。

オシム語録のすごさに気づいたのは？　いや、今でも気づいてないですよ。僕、一緒にいつもいるから。素晴らしい言葉、いっぱい言うし、それ、普段から聞いているから、普通なんです。それが日常だから、なんか、これってすごいこと言った、っていう気がしないし、僕もうまく訳したと思ったこと1回もないんです。

だから僕、オシム語録とか、アップされても絶対見ないんです。覚えてないこともありますから。

難しいのは、雑誌の取材とかしていて、最初は監督の言ったことをそのまま全部訳せばいいなと思っていたんですよ。でも、その中で、僕にだけ言っている時があるんです。

でも、「まぁ、お前にだけ言うけどな」とか、そんなこと言わないから、これは訳さない、と察知する。監督は、僕に通訳としての訳し方を注文したことは1回もないですよ。こういう時はこう訳せ、こういう時はこうだ、それは、ないけど、暗黙の了解が何通りもあるんです。こういう時は、この人間には聞こえるように言うけど、あそこにいる人間には聞こえないように言うとか。

例えばサッカーの練習法の話。

試合中に何が起こっても対処できるように、練習のうちから、サプライズを仕掛けることがあるんです。

あるタイミングで言われた時には、突然、ディフェンスをビックリさせるための練習だから、フォワードにだけこっそり言うとかね。ツータッチの約束なのに、いきなりドリブルを仕掛けるとか。次の組で待っている奴に、お前、突然飛び出せだとか。でもそれを大きい声で言っちゃったら、ディフェンス陣も分かるじゃないですか。

だから、周囲にだけ分かるように言う。当然、最初は皆、驚きましたよ。決めごとと違うことが行われるんで、説明と違うじゃないかと怒る奴がいたりして。そういう矛先《ほこさき》は通訳に来るんです。でも僕も、選手に怒鳴って文句言われたら、2倍にして怒鳴って言い返しますから(笑)。まあジェフはやっぱり、人間的にいい選手が多いんで、ほとんどないですけど。

最近は2年半経《た》って慣れてきたから、うちの選手も、それを監督が言わないのに、勝手に飛び出す奴とかが出てきたりしています。つまり意図が浸透した。やっとここまで来たなという感じですね。

僕が通訳の立場で見ていて思うんですけど、あの監督が言ったことを素直に聞いて実行しようとしている選手は、絶対試合に出ていっていますよ。監督はかなり厳しいこと言うわけですが、でも、そこで素直に聞けるかどうか。

で、逆に自惚《うぬぼ》れていたり、監督の言ったことに逆切れしたりしている人間は、どんどん試合に出なくなりますよ。それは、監督が意識してそういうふうに使わないとかじゃなくて、絶対にそういうプレーになっていくんです。

それは思います。自分が訳していて、あっこいつ、真剣に聞いているな。聞いていないな。まぁ、時期によっても違うじゃないですか。同じ奴に同じことを監督が言っていても、聞いている時期と、聞いてない時期がある。聞いてない時期は本当に試合に出てないし、逆に聞いている時期は試合に出ていくパフォーマンスができる。それはすごいな、面白いなって思いますね。

会見の時ですか？　打ち合わせはないですが、もう、何を言うか予測しまくっていますよ。今日、こういう展開で試合に勝った。負けた。何を言うだろうかっていうふうに。

監督が、突然言ったことが自分が分かんなかったら、伝えられないじゃないですか。そういう不安は最初ありました。だからこそ、言われた瞬間に訳せるようには、常にずーっと集中していました。

今は何も考えてないです。もう、手に取るように分かるから。ほんとに、ちょっとした……。「ウーン」て、監督がやった瞬間に、その「ウーン」には、実はメッセージがあったら、それも訳すし。逆に、すごく長く説明しようとしてバァーッと言っても、要点が短かったら、それしか言わないこともあるし。それは、もう、暗黙の了解なんですけど。

「俺が喩《たと》えでいっぱい挙げていること、いちいち訳すなよ」っていう空気がある時もあるし。

一言がひとつの文章になっていることもあるし。ひとつの文章が一言で済むこともあるし。

伝わっているかどうか、分かんないっていうこともありますね。

例えば、ある選手を指して、「この選手は肉でも魚でもない」と言った時に、僕はクロアチアに住んでいたし、彼らの感覚が分かるから、その瞬間、意味は分かるんですけど、日本人は分かんないわけですよ。「それはメインディッシュじゃないっていうことですか?」とか、「じゃあ、彼は脇役《わきやく》っていうことですか?」って言う人間もいる。監督が、肉でも魚でもないって言うことは、要は、こいつはフォワードでも中盤でもないっていうようなことを言っているんですよ。どっち付かずっていうか。メインディッシュじゃないとか、脇役だっていうような意味じゃない。そういうのが難しいなぁってというのがありますね。

質問で窮したことはいちいち覚えていないですけど、バカな質問を受けて、それを訳すと、僕が怒られます。本当に。

だから、バカな質問は訳さないことにしているんです。なんで、お前のところで食い止めないんだっていう空気があるから。

1回聞いたのに、また聞く人とかいると、1回目に聞いた時に、僕が伝えてないっていうことになるじゃないですか。だから、同じ質問をしてくる人がいたら、「それって答えましたよね、言いましたよね」。監督に伝えるまでもない。言い返しちゃいます。じゃないと、監督に僕が信頼を失っちゃいます。

監督はあと、スタッフとことあるごとにトランプをやるんです。レミっていう、ヨーロッパでよくやるカードゲーム。調べたら、ルールはマージャンに似ているんですよ。で、サッカーと同じ。この人、リスクを冒して、大きい手を必ず狙《ねら》いに行ったりする。賢いですよ。手の打ち方が。

すごい。

僕は通訳として、誉《ほ》められたり、怒られたりしたことは、まだ1回もない。だけど、カードの時は露骨に言ってくるんです。お前は打ち方が間違っているとか。思いっきり怒られたり。

そうですよ。まさに数学の教授です。もう、チラッとでもカード開いて持つ手を見たら、あっと言う間に全部合計計算しちゃってますからね。一瞬ですよ。オープンって、出した瞬間に合計、パッと言いますからね。

合計が50ないとダメなんですよ。自分でも分かってなくても、パッと出した瞬間にもう、49しかないぞ、とか当ててしまう。すごいですよ。まぁここだけの話、普段のサッカードの下手な打ち方したら、耳とか、パチッとか叩《たた》かれる(笑)。それぐらい熱くなっちゃう。

とにかく、それくらい、監督は頭を使って論理的に考えるのが好きなんですね。トランプってやっている相手が下手を打つと、普通「しめ、しめ」と思うじゃないですか。けど監督は怒るんです。

監督をやっているんじゃなくて、監督という生き物

だから、これね、僕、つくづく思うんですけど、あの人は監督をやっているんじゃなくて、監督という生き物なんですよ。常に指導。指導するのが当たり前なんですよ。

例えば僕が監督を車に乗せて送る。はい、監督、助手席に乗せました。で、僕が運転します。そこから、指導が入るんですよ。「なんで、お前、昨日このマンホールの上を通って、車、揺れたのに、また同じマンホールの上を通って行くんだ。なんで、よけないんだ」。で、僕が、ちょっと逆切れ気味で、「あのマンホールがあるのは分かってた。でも、マンホールをよけようとして右に曲がったら対向車にぶつかりそうになる。そのリスクを冒すんなら、あのマンホールの上、通ったほうがいい」。「じゃあ、なんで左によけないんだ」とか。

監督の指導の下での僕自身の成長から言えば、1年目はもう単にメッセンジャーみたいなものですよ。2年目からようやく指導者のひとりとして力になれたかな……。

そうです。ハーフタイムはすっごい重要です。ハーフタイムに監督が活を入れて、逆転した、盛り返したっていう試合、結構ありますからね。一番気合を入れますからね。「走り過ぎて死ぬことはない」とか、ああいう言い方。あれは、やっぱり、かなりきつい言い方で言います。僕の口調は監督と同じ勢いですね。チーム全体が監督の意図している方向に行かなかったら、訳している意味がないですから。

監督が選手のモチベーションを上げようとしている時に、僕が言葉だけを訳しても、結果的にモチベーションが上がらないと成功とは言えないわけですよ。

試合中は監督のテンションが上がっている時もあれば、敢《あ》えて抑制してる時もありますね。それは結局、メリハリ、強弱なんですよ。だから訳して話す時も監督の強弱通り、そのままにやろうとしています。

クロアチア国内でもそうですけど、黙って試合を見ている監督ってほとんどいないですね。オシム監督もブツクサ、ブツクサ、絶対何か言いながら見てる。僕はいつも試合中に並んで座っているので、これはコーチに伝えたほうがいいと思ったら、コーチに言います。

ベンチ内でビックリすること？　ありますね。

やっぱり、先を読む力っていうのがすごいですよね。昨日のセレッソ大阪との試合だって、試合の流れを完璧《かんぺき》に読んでいました。走れなくなったら負けるぞ、とか、今はリズムに乗らないと勝ちきれないとか。それは試合の前にも言っていたし、ハーフタイムにも言ったし、結局、言った通りになったんです。

さっきの話、トランプをやっていても同じですよ。もう、そろそろハートの2が出てきて、自分が上がるって分かっているんですよ。案の定、ハートのそれが出てくるんですよ。

ほんと、すごい、物事の流れ読むのが。

でも、それは、別に不思議な力でももちろんなくて、何かことあるごとに、人間、先のことは分からないって、ちゃんと言っているわけです。それは、ちゃんと論理的に考えた上で、出てくる言葉なんですよ。

先日、ちょっと取材だったんですけど、そういう話をしていましたね。「今日はいつもは言わない話をしたい」って言って、「それを記事にして、人が読んだら、怒ったりする人もいるだろうけど、誰《だれ》かがいつかは、こういうことを話さないとダメなんだ」って言って。

どういう話をしたかというと、ジェフは中間順位にいた時期が長過ぎて、選手はそこで満足するっていうのが染み付いている。でも、それは選手だけじゃないぞ。この街全体もそうだぞ、と。この街全体が、だいたい中間でいい。何かを成し遂げようという気がない。だから、ジェフがカップ戦で準決勝まで行っているのに、リーグ戦も６位で必死に戦っているのに、昨日でもお客が３０００人しか来ない。街自体がそういうふうにしてるんだぞ、ということを、その時、初めて言ったんですよ。

すごいなと思うのは、あの人ってジェフを底上げするのと同時に、日本のサッカーを底上げする、そこまで考えているんです。そこまで見ていて、何か聞かれると日本のサッカーについて語るというのがスタンスです。長く広い目で見ていますね。

僕は、引退後に通訳っていうものをやろうと思って、実際やっているわけですけど、正直向いてないとも思っているんです。ずっと続けて行く気も全くないんです。

以前は、自分は今は通訳やってるけど、将来はビジネスやろうかとも考えていた。貿易とかやって、すっごいお金稼いでやろうって思っていたんです。思ってたんですけど、変わったんです。

今本当に、この監督の通訳をやって、自分がJリーグの監督になるっていう新しい目標ができたんですよ。

オシムさんはね、ＦＩＦＡの技術委員なわけでしょ。そのＦＩＦＡの技術委員の右腕として、今、2年半やってるわけでしょ。ＦＩＦＡの講習を2年半受けているようなものですよ、僕は。講習受けながら、一緒に力を合わせて実戦で戦ってるわけだから。だから、そんな貴重な体験をしている僕が、将来監督としてタクト振るわなかったら、日本のサッカー界に対して申し訳がないと思うんですよ。絶対、日本のサッカー界に貢献する。絶対、自分が指導者としてサッカーをする。それは、やっぱり大事なことですよ。

それは、この監督の通訳をやり始めて、初めて思いましたね。

いつから？ 2年目に思いました。1年目は通訳という仕事をやることに必死だった。2年目に自分が、やりたいなと思ったし、将来のその夢を見据えてやり始めました。

もちろんね、そう思ってからのほうが、すごく、いい通訳ができているんですよ。

© Norio Rokukaw

第8章
リスクを冒して攻める

「別に、勝たなければならない試合なんてないんだ」

年間30試合を戦えば、気持ちの起伏があるのは選手だけではない。応援する側にもモチベーションの濃淡はある。

しかし、この日、２００５年４月13日は特別だった。

記者席から向かって右手。黄色の集団の気持ちの入りようは、遠目からも見て取れた。オペラグラスを持ち上げると、サポーターたちの引き締まった顔つきにフォーカスが合う。

ガチンコの国際大会で、何度も見たものと同じ表情は、こう言っている。

「俺《おれ》が勝たす。この相手には負けない」

ゲーフラ、横断幕、マフラー……。応援ツールが揺れる度に、ある種の熱の伝導さえ感じてしまう。最高に力の入る理由は対戦相手にあった。

２００５年が開幕すると、ジェフは前年の先発レギュラーメンバーのうち５人が姿を消していた。年間予算J最下位のクラブから、高額な選手が引き抜かれて外に出て行くのは、もはや恒例になっている。

特にこの日の相手、ジュビロ磐田には、茶野、村井、そしてチェ・ヨンス（京都パープルサンガへのレンタルを経由）が移籍していた。茶野と村井はともに地元千葉出身の生え抜きで、村井が迷っている際には、サポーターから残留を嘆願する署名運動まで起こっていた。

ジュビロに対して、ジェフのサポーターが「磐田には負けられない」と力を込めて歌うのには、かような理由があった。オシムが、日本代表にまで育て上げた左サイドのスペシャリストとハードマーカーの流出は、今度こそ大きな痛手となると見られていた。

しかし、当の監督は意に介していなかった。

「彼らは自らの選択をしたのだ」と言い切り、Jリーグの会合で会った際に恐縮な面持ちだったジュビロの山本《やまもと》監督に対しても、「欧州では移籍は自然な現象なのだから、気にする必要はない」と声さえかけている。

「昨年のレギュラー5人が抜けてしまって、それをどう埋めるかを考えているところです。（中略）村井がいなくなってもジェフは続くわけで、村井がいないからといってジェフが変わるわけではありません。私にとっては終わった話で、村井の話をする必要はありません。私にとって重要なのは、いまここにいる選手たちの話をすることです」

（『サッカーマガジン』2005年3月8日号）

手塩にかけて育て上げた選手たちが櫛《くし》の歯が抜けるようにバラバラと離れていく経験は、悪夢のような92年に味わっている。選手も監督もそれを望まず、先行きプレーができるかどうかも分からないまま、ただただ、理不尽な力で引き裂かれたのだ。

それに比べて平和裏に選手が希望した移籍ならば、いったい何を嘆くことがあるのか。

もちろん、だからといってこの一戦に負けていい理由にはならない。

試合前のミーティングでオシムは、おもむろに口を開いた。試合の背景、言葉をかけるタイミング、言葉のチョイス、すべてが絶妙にリンクしていた。

「DFは集中できずに、ピッチで寝るのなら、ホテルに帰って寝ていてくれ！　それくらい集中して目を覚ましてやっていかないと今日の試合は難しい。我々は磐田まで遠足に来たわけではない。もし負けるようなことがあっても、自分たちのできることをすることで我々のプレーを見せよう。やることをやってもし負けるのなら、胸を張って帰れるはずだ」

士気は一気に高まった。

オシムはモチベーションの上げ方についてこう言う。

「モチベーションを高める方法なんて何千通りもある。それぞれ違うのだ。選手がモチベートされる要素としては、例えば、誰《だれ》かからいいプレーをすることを強要され、怒鳴られてやっている人間もいるだろうし、時にはおカネを2倍払うからと言われてモチベーションを上げる人間もいるだろう。それはひとりひとり違うし、一概には言えない。ただ、大体の場合、いいプレーをしたらカネを2倍払うよ、と言われた日には、ろくなプレーはできない（笑）。そんなものだ。

私が実際に行っていることを話そうか。試合の前とかにはほとんど戦術の話はしない。モチベーションを上げるのに大事だと思っているのは、選手が自分たちで物事を考えようとするのを助けてやることだ。自分たちが何をやるか、どう戦うのかを考えやすくしてやる。お前ら、今日は絶対に勝たないとだめだぞとか、相手の足を削ってでもゴールを守れ、そんなことは絶対言わない。別に勝たなければならない試合なんてないんだ、お金云々《うんぬん》じゃない。でも、とにかくお客さんは、数は少なくても来てくれる。まずは自分たちのために、自分たちのやれることをやり切るということが大事だという話をする。次に、対戦相手が自分たちと試合をするに当たって何を考えて臨んできているかということを思考させる、そういう話をする」

先のオシムの言葉と照らし合わせて考えれば、この時、選手たちは「寝ていろ」という厳しい言葉で覚醒《かくせい》され、アウェイで集中することの大切さと、磐田まで足を運んだサポーターのことを思い浮かべたであろう。「難しい試合」、同時に相手に村井と茶野がいることで、手の内も知られているだろうことも確認される。緊張を与えたその上で「やることをやって、自分たちのサッカーができたのなら、負けてもいいではないか」とそのプレッシャーから解放する。

慢心や気負いは削《そ》ぎ落とされて、純化された思考だけが残る。

この時、佐藤勇人はまず「走ろう」と考えた。それこそが自分のリズム。勇人には監督に言われた忘れられない言葉がある。一時運動量が落ちた２００４年の試合でのたった一言。ハーフタイムに叱咤《しった》したオシムは自分の方に顔を向けてポツリと言ったのだ。

「お前が走らなくてどうする」

疲労しきっていた体の芯《しん》から力が湧《わ》いた。

元ヤンキー、サボりの常習者、と言われた男は、目的を持つ走りならば、それを全く厭《いと》わないサッカー選手だった。

試合が始まった。

オシムは両サイドの攻防がカギになると見ていた。

村井が抜けた今シーズン、オシムが敷いた布陣は、左アウトサイドに前年まで右をやっていた坂本將貴。そして空いた右には入団2年目の水野晃樹《みずのこうき》を持って来ていた。左利きでは名古屋グランパスから期待されて入団した滝澤邦彦《たきざわくにひこ》もいたが、守備にまだ難があった。一方で坂本は、ディフェンシブハーフか右サイドの選手と見られていた。選手のポジションに対するこだわりは重要である。仙台時代にベルデニックが左の岩本輝雄《いわもとてるお》を右で使って、モチベーションを瓦解《がかい》させた「事件」もある。

玉突きのような配置。しかし、ここに至るまでコンバートは成功していた。坂本はJ屈指のユーティリティープレーヤーになっていた。オシムは自信を持ってジュビロのサイドを制しにかかった。

根底には精緻《せいち》な選手の心理マネージメントがあった。

「もしかするとサカは右サイドのほうがいいプレーをするかもしれない。しかし、左がいないというシチュエーションを考えると、今はサカは左をやるべきなのだ。晃樹は、やはり右のほうがいいとは思っているが、サカにしてみれば晃樹ほど右がやりたいとは思っていないはずだ。彼は右足も左足も使えるからな。ただ晃樹もいろいろなポジションができる。オフェンシブもできるし、試せば左もできるのではないか。サカをディフェンシブに置いて阿部をもうひとつ前に持っていくというアイデアも……、なくはない」

選手との一線は確実に引く指揮官だが、誰がどこをやりたがっているかを常に掌握していた。さらに選手の特性を「見極める」のではなく、プレースタイルの幅の広がりや進化の可能性を見据えながら、オプションを常に追っている。要求は明確であり、選手も使われることで殻を破って伸びる。

坂本と西。水野と村井。両サイドの攻防は決して引けを取らなかった。どころか、水野は再三にわたって、ライン際を食い破った。2年前に大学進学を考えていた彼がジェフに入団した際は、線の細さを指摘する関係者も少なくなかった。しかし、オシムに使われ続けることで、U—19代表にまで上り詰め、この日も上げたクロスの数では対面の村井を圧倒していた。

「夢ばかり見て後で現実に打ちのめされるより、現実を見据え、現実を徐々に良くしていくことを考えるべきだろう」(『日本経済新聞』2005年3月3日朝刊)

去っていった選手を嘆いても仕方がない。起こった事態の変化を、オシムは積極的にすべて「必然」に変えようとしている。

12分に生まれたゴールに、それは集約されていた。

ファウルで得たFKを、阿部がふわりとDFの頭越しに落とした。右から猛スピードで走りこんで来たのは水野。ドリブルで無人の野を突っ走ると、高速グラウンダーをゴール前に送った。縫うように入ったパスを足元でもらったハースは、ボックス内で十分に前を向くことができた。しかし、ここでオーストリア人はシュートの選択をせずに、右アウトサイドにかけて、丁寧に後方に差し出したのだ。勇人が走りこんでいないはずがなかった。

1—0。ハースのかしずく給仕のようなパスに、オシムの欲しかったFWの姿が透視された。前年、京都で取材したチェ・ヨンスは「私は2列目の選手が点を取るのは嫌いです」と言い放った。

決定力が抜群に高い純正ストライカーに対し、ハースはシュートの感性は劣るが、相手DFを背負って起点を作り、追い越していく味方にボールを給することを厭わない。長身でヘディングの強い巻との2軸。そして、「マリオ（ハース）も巻のようなタイプと組むことで力を発揮するはずです。巻はすごく成長した。キープができて空中戦も強い。技術的にまだ問題はあるがね。ただ、技術は学べても、他には学べない部分はある。つまり彼は、そういう部分はすでに備えているということです」

巻が日本代表に初選出されるのはこの3カ月後である。

先制した後も、押し込み続けた。

ジェフの走力は圧倒的だった。黄色いドレスの集団は意志を分有するひとつの生命体のようにすら思えた。トップのハースと巻から、羽生、阿部、勇人、DFのストヤノフ、斎藤、水本《みずもと》に至るまで伸縮を繰り返し、ハースが最後尾まで下がるのも、斎藤がペナルティエリアに侵入してゆくのも、もはや珍しい光景ではなかった。

J屈指のポゼッションを誇ったジュビロが引いていく。

15分のシーンは圧巻だった。ハーフウェイを越えて上がってきたストヤノフから、左に大きなサイドチェンジが敢行された。中にいた羽生が受けるかと誰もが思ったが、位置関係を把握していた22番はスルーして前線に向かって脱兎《だっと》の如《ごと》く駆け上がった。左にいた坂本がボールに触るのと巻が駆けつけたのは同時だった。巻にパスしても、坂本は1秒たりと止まらない。走る。浮き球のリターンを躊躇《ちゅうちょ》なく頭で折り返すとそこには羽生が――長い距離を走破した羽生が――、ペナルティエリアの中で待ち構えていて、さらにその左をボランチの阿部がもう追い越していた。

オフサイドにはなったが、全く淀《よど》みのない連動したアクションは、ひたすら美しかった。

19分に再びセットプレーから斎藤のヘディングで加点。

そして30分。進化するジェフの象徴的なプレーが起こった。

ジュビロ後方からのロングフィードが中山《なかやま》に向かって来た。ゴンは相方のFWチェに渡し、チェは前を向いている西に下げた。サックスブルーのユニフォームは皆、ジェフのゴールを凝視する。態勢を立て直したジュビロのボール回しが、ここからいよいよ始まるかと思われた。

しかしこの少し前、最前線にいた羽生はすでに猛ダッシュを始めていた。

西のマークである坂本はもちろんいる。しかし、トップ下の男は何の躊躇《ためら》いもなく駆け戻り、加速のついたそのまま西を追い越して、ボールが渡った成岡《なるおか》に襲いかかった。

成岡175cm。羽生166cm。

先ほどまでゴール前にいた相手のオフェンシブMFが、まさかセンターサークルの真ん中までボール奪取に駆け戻るとは予想だにしなかったであろう。前を向いていた成岡は、ショルダーチャージでぶっ飛ばされた。

羽生はボールをかっさらうとすぐに、右前方に送る。巻が右タッチライン際を駆け上がっていた。茶野が詰めて来たが、間断を置かずにアーリークロスをゴール前のハースに向けて放り込んだ。川口《かわぐち》がキャッチするも、記者席からも深い感嘆のため息が漏れる。

この攻守の切り替えの速さ。

羽生の述懐。

「とにかく練習です。例えばGKが取った時に、監督は『キーパー、早く投げろ！』と言うんです。キーパーが『いや、周りが動き出していないから』と躊躇しても、『動いていなくていいから、投げろ』と怒鳴るんです。みんなで、意味あるのか？　と言うくらい、とにかく早く動かせと指示するんです。そういう意味では、取ったらすぐ動きだす、取られたらすぐディフェンスをするというのは、練習で自然に身に付いた部分が大きいと思います。なんか速過ぎて慌てちゃう部分もありますけど、それが当たり前のチームになって来たのが、あの人の凄《すご》さなんじゃないですかね」

羽生本人への要求も厳しい。

僕自身の動きについて言えば、監督に、『お前は確かに動いているけど、効率的かどうかは分からない』というような言い方、あるいは、ただ走るんじゃなくて、相手の嫌がるところに入るのを増やせという言い方をよくされました。それでジャストのタイミングや、ジャストのスペースというのを考えるようになりました。今年、まだ監督のイメージするものとはかけ離れていると思いますけど、1年目、2年目とは異なって、裏やエリアに侵入して行ってからもう一仕事というのを意識しています」

ジェフは押し込み続けた。後半12分には激しいプレスに詰まった相手ボールが、GK川口に戻された。これを見た佐藤勇人はボックス周辺で力強く旋回しながら「よし」とばかりに両手を打った。自分たちのサッカーに対する自信とプライドがそこから見て取れた。

「自分も身体がでかくないので、ぶつかり合いじゃ勝てないじゃないですか。でも走り回ってああやって相手が下げざるを得ない状態に持っていけた時は、ボランチやってて良かったなあと思いますね」

「私が日本に来てから一番しっかりとした試合ができた」

4分後には羽生の一仕事が待っていた。

2点リードでジェフはボールを低い位置で回しつつ、アタックを窺《うかが》う。

「動けっ！」

統一された意思が、攻撃を突如告げたようだった。ほとんどがダイレクトで捌《さば》く怒濤《どとう》の崩しが始まった。

最終ラインのストヤノフから右の水本にボールが渡る。その間に勇人がするすると上がる。前方の水野を経由して勇人、勇人は楔《くさび》に入った巻へ預ける。即座に右に流れたハースへ流す、と巻は釣る動きに移行する。ハースからボックスに入った羽生、羽生から再びハース、右に走りこんだ巻へ、巻の右足が中へ折り返した。たまらずカットに入った村井がトラップをこぼす。そこに羽生が顔を出していた。

振り向きざまボレーで右足を振りぬくと、ゴール左隅に3点目が飛び込んだ。

黄色の集団は走りこみながら、パスコースを最低ふたつはこしらえていた。ストヤノフの足元から展開されて16秒での完結劇。羽生にとってはエリア内でもう一仕事の完遂だった。

崩しの意思統一の背景はこうだ。再び羽生。

「『お前たちはできる』というニュアンスの言葉を使ってモチベーションを上げさせたり、あるいは選手を叩《たた》いてその反動を利用するのがすごいうまいんです。声をかけるタイミングや、起こりうる状況ごとの指示や賛辞は、すごく微妙な位置をとって発言しますね。

例えば、シュートが決まっても、後ろに回った人をまず褒《ほ》めるんですよ。相手DFを釣った人とかをね。まあ、ゴールも褒めますけど、その前に、崩す動きを入れた人を『いい動きだぞ』と指摘をするから、選手もそれをやろうと考える。その重なりがゴールになると思うんです。きっちりと無駄走りを見ていて褒めてくれる。だからうちには、長い距離を走って、ボールが出なくても、それに文句を言う選手はいないんです」

メディアが因縁の一戦と煽《あお》ったジュビロ戦は3－1で完勝。試合後の会見に現れたオシムは満足気な表情を浮かべていた。理由が結果ではなく、内容にあったのは言うまでもない。

口を開いた。

「私が日本に来てから一番しっかりとした試合ができた。それで勝てた。1試合中ずっと、うちのほうがいいサッカーをした」

めったにない自賛だった。さらに相手に対する礼も忘れない。

「1点取られたが、あれは確かにうちのミス。ジュビロは本当に戦ったと思うし、やるべきことをやったと思う。そういう意味ではすごく良かった部分だ。もちろん、ジェフはジェフでいろいろな問題があるわけだが、それぞれに問題を直視している」

そして照れかジョークなのか、相変わらずユーモアの調味料を塗《まぶ》す。

「半分は冗談で半分は本気だが、ジュビロは世界でも一番のフィールドを持っている。

ジェフのスタジアムはすごくデコボコなので、うちの選手たちはきれいなフィールドに入った時にすごく喜んで、いつもより走って、いつもよりいいプレーができたのかもしれない」

次の言葉は意味深だった。

「ただ、そこには真実が隠れている。私はもう60歳を超えているが、こういうフィールドでだったら、プレーしたいと思うよ」

銃痕《じゅうこん》でズタボロにされたジェレズニチャルのスタジアムの風景が私の中で蘇《よみがえ》った。素晴らしい芝やフィールドに出会う度にオシムの脳裏にはそれが、霞《かす》むのだろうか。真実は隠れていた。我々はこの環境に感謝してサッカーをするのだ。サッカーの神に頭《こうべ》を垂れて走るのだ。

「ジェフは毎年、いい選手を買ってくるようなチームではない。長い間選手が一緒に戦って、一緒に食事をして、一緒に寝ていれば、当然、団結が生まれるもの。そこは残していかなければいけない部分だ」

ジェフの良かった点は？　と聞かれると、

「人によって違う見方をするかもしれないが、いいコンビネーションとダイレクトプレー。しかし、まだ打開しないとダメな要素はある。私が望んでいるプレーからは、程遠い」

自分が日本に来てから一番いい試合をしたと総括しながら、まだ望んでいるプレーからは程遠いと突き放す。ここにオシムの業の深さを見た。

「満足してしまうと成長が止まってしまう」とは常々言っていることだが、では具体的にはどんなサッカーを目指しているのか。オシムは今日、来日3年目にして掴《つか》んだ手ごたえを口にした。ガードが下がっている。混ぜかえしも、反問もないだろう。聞くのなら、今だ。挙手する。

「方向はこのままでいい。あとは精度を高めていくこと。もっと確実なプレーをするかね。自分が分かっていてもできない部分、それができるようになればもっと簡単になるはず。その部分でのミスが減ればもっといいサッカーができるはずだ」

方向はこのままでいい。ベクトルが正しく向いた。やはり、オシムが敢行したのは織り込み済みの世代交代だった。

「作り上げることは難しい。

でも、作り上げることのほうがいい人生だと思いませんか?」

2005年5月6日。イビツァ・オシム64回目の誕生日にクラブハウスを訪れた。

順位こそ首位ではない。しかしこの頃《ころ》になると、戦った相手の監督コメントの随所に、オシムのサッカーに対する過剰な意識とリスペクトが滲《にじ》み出るようになった。

鹿島アントラーズのトニーニョ・セレーゾは４―２で勝った後、「今日のゲームはただの勝利ではなく、素晴らしい監督のもと、組織的にかつスピーディーに走り回るジェフに勝ったことで我々の自信になる」と素直に語り、１―３で敗れたガンバ大阪の西野《にしの》朗《あきら》は「ジェフはムービングフットボールの代表。ウチもそういうサッカーをする必要がありますね」と目標に掲げた。

サッカー監督ならば、誰しもがオシムのようなスタイルを追求したいと考えるのだ。

バースデイということで、詰めていた報道陣からもそれぞれプレゼントが渡された。

祖母井GMは、自らが忙《せわ》しげに祝いのための料理を運ぶ。

「ええよ、俺が責任取るからサポーターも中に入れてあげて」

GMと監督の強い信頼感がそこに見えた。

こんな話を思い出した。

オシムと祖母井が車中で会話を交わしている。

「来日しているお孫さんへのお土産《みやげ》に、ジェフのTシャツを差し上げよう」

オシムは素っ気なく答える。

「そんな格好の悪いもの要るもんか。ジェフの色は赤に黄色に緑。まるでパパガイカラ（鸚鵡《おうむ》）だ。孫は喜ばんよ。このクラブ、選手だって日本代表はいないし」。シンと緊張が走る。と、次の瞬間、こう続ける。

「監督だってロクな奴《やつ》じゃないし」

爆笑。

照れ隠しは今日もそうだ。選手たちは「2階の部屋から下に降りてきて下さい」と頼んだのだが、カンが良いオシムは「嫌だ」と拒否。

坂本が代表して上がって行ってシャンパンを贈った。祝いを告げようと出待ちをしているサポーターも嬉々《きき》として階段を上りオシムに向かう。現在、オシムが日本のサッカーシーンにもたらしてくれているものに、皆、感謝と敬意を忘れていない。

1991年の誕生日にはスプリットの連邦海軍本部でクロアチア人のデモが起こり、国が崩れる序章を嫌でも意識させられている。それから14年が経《た》ち、日本で迎えた平和な記念日。

パーティーの合間を縫ってインタビューは始まった。

9節ではホームチームの川崎が守りを固める中、千葉が攻め続けていた。結果は相手のカウンターにやられて0－1で屈したが、オシムは「試合前にこうなるぞ、と言っていたことが実際に起こった」と発言。つまり、対戦チームがどうであれ、最初からアグレッシブに行くというポリシーが貫かれていた。

――あなたの中には敵地であろうが、守備的にゲームを進めるという発想自体がないのか。

「攻めるかどうかというのは、人生の哲学とも関わっている。プロの世界だから結果は大事。内容が良いかどうかよりも、やはり勝ち負けが注目されるし、それがプロでもある。そういう意味で、人生の哲学と関わってくるのではないか？

私が思考するのは、観客やサポーターはいったい何を望んでいるのか、そして何が目的なのかということです。サッカーとは攻撃と守備から成り立っているもの。その要素の中でいろいろな方法論をとることができるが、私としては、いる選手がやれる最大限のことをして、魅力的なサッカーを展開したいと考えている。そういうサッカーを目指すには、リスクが付きものです。しかし、現代サッカーがビジネス化し大きなお金が動くからといって、そのリスクのほうを狭め、大きなお金のためにサッカーをしていたら、そのサッカーは面白いものになるのだろうか？　すべてのチームがそういうサッカーを展開し、ほとんどの試合が0－0になったらどうか？　もちろん、いいサッカーをしても0－0の結果になることはあるが、それはまた別の話。観客が満足するようなことに挑戦することこそが、大切なことだと私は思っている。

すべての監督が大きなプレッシャーを感じている。ほとんどの人たちが、試合の内容よりも結果に注目しているわけですからね。やはりチームが負けないようなサッカーを監督は選択していくでしょう。ただそういうことを続けていたら、残念ながらいい内容の試合は展開されないでしょうね」

——監督のそういった哲学というものは、64年間の人生のなかで、どのように培《つちか》われたものなのでしょうか。

「私の人生そのものがリスクを冒すスタイルだったんです。前も話しましたが、プロとしてプレーする時も、最初は大学で数学を専攻していて、数学の教授にもなれたし医学の道にも行けた。でも、自分がサッカー選手として、この先やっていけるかどうか分からない状態でも、私はリスクを背負ってサッカーの世界へと飛び込んだ。だから最初から、私はサッカー人としてリスクを背負っている。これはあくまでもプライベートな私のリスクですが」

プロ設立の際に、大学教授への道を捨て、その不安定な環境に進む選択を周囲から大反対された。しかし、その後のボスニア内戦と祖国崩壊を見るとオシムの選択は正しかった。学者としてそのまま国に残っていたら、生きていられたかどうかも分からなかったと彼は言う。リスクを冒すことの意義を人生から体感しているすごみがある。

「要するに、この〝リスクを冒す哲学〟を、私個人だけではなく、千葉の選手たちと共有し、ともにやっていけるのかということです。例えば今度浦和とゲームを行いますが、FWか中盤をひとり減らして、DFを5人にして守ってカウンターを狙《ねら》えば、もしかしたら1—0で勝つかもしれない。そうしたら周りからは『いい戦術の試合だった』などと、言われるのかもしれない。ただそのために外したひとりの選手が何を感じるのか？　誰もそんなことまでは考えない。そして、そういう守備重視のサッカーを観客はどう思うのだろうか？　たとえ試合に勝ったとしても、それは運が良かっただけなのかもしれない。では、試合に負けたとしたらどうなるのか。『あいつらは何を守っているんだ』。そんな声が、きっと聞こえてくるでしょう。ただ私の考えが常に正しいとは言っていないが」

――メンバーがこれだけ3年前と変わったにもかかわらず、監督のメソッドは蓄積されてきている。

「ただ、同じメソッドだとしても質は違う。日本人のいい選手を失ったから。外国人で補ったとしてもね。ウチの外国人というのは、特別すごい選手ではないが、いい選手ではあると思う。問題は日本人としていい選手、その質を失ったのは確かなんです。今チームにいる新しい選手で、また同じサッカーをやろうとしているわけですが、それには時間が必要です。ジェフではすぐに日本代表選手を連れてくることは無理なのだから」

私は羽生に対する評価を聞きたかった。

――トップ下に羽生を置きました。この布陣はいつ頃から考えていたのでしょうか？

「彼が、中盤で右も左も真ん中もできる選手だということ。相手をマークすること、自分が攻撃することができて、走りの量も豊富です。サイドの選手で彼よりいい選手がいるなら、羽生はオフェンシブでプレーさせたいと思ったからです。彼の質からしたら、1トップに強い選手を置いてその後ろを任せたほうがいいのかもしれないが、ウチは2トップがしっかりいるのでオフェンシブをやらせている。ただ、羽生のポジションに誰かもっといい選手がいたとしても、結局羽生をどこかで使いたいとも思っている。なぜなら、やはり彼は一生懸命走るし、闘うし、しっかりとアイデアを持った選手だから。どこのポジションだろうが彼をグラウンドに入れたいとは思っています」

——2列目（MF）の選手が今季、多くのゴールを奪っているのも特徴ですね。

「私は別に2列目から点を取れとは一言も言っていない。『チーム全体でプレーしろ』と、選手たちには強調して伝えてきた。ようやく選手たちが、グラウンドの中に入ったら何をすべきかを分かってきたということでしょう。彼らは、グラウンドの中で直面したシチュエーションに合わせて振る舞うべきだ。例えば（DF斎藤）ダイスケ（大輔）がある瞬間攻め上がって前にいるんだったら、FWのようなプレーをするべきだし、（FWの）巻がDFラインに試合の流れの中で入ったのなら、やはり相手の動きを読んで守備をするべきです。これは言うことは簡単だが、実現させるのは難しいことですよ。言ったとしても、相手がどういうプレーをしてくるのか分からないわけだからね。

この前の広島戦のように、相手がいきなり3トップ気味でやってくるかもしれないし、試合展開によっては4人に増やしてくるかもしれない。それに合わせるにはDFをひとり増やしたり、ストッパーを3人に増やしたりしなくてはいけない。逆に最初からストッパーを3人入れて、いざ試合が始まってみたら、実は相手が1トップだったらどうするか？　3人のストッパーのうちふたりは余るわけです。でも普通ストッパーというのは、ボールが動かせないタイプの選手がよくやるポジション。ということは、マイボールにした時、ボールを動かす選手がふたり少なくなるということです。そうしたら試合はどうなるか？　普通、守備が得意な選手は攻撃が苦手で、攻撃が得意な選手は守備が苦手なわけです。そういう意味では両方の質を持った選手が必要になる。それがいい選手の条件でしょう？」

――その意味で阿部が相手のキーマンをマンマークで抑えることが多いようですね。フェルナンジーニョ、マルクス……。

「そう、マークだけのことを考えているわけではない。キーマンと呼ばれる危険人物をマークするのと同時に、そういう選手の裏を突いていくことも考えている。阿部に守備だけのことを言っているわけではない。普通攻撃の得意な選手は、守備が苦手です。つまりその攻撃の得意な相手のキーマンは、攻守が変わればとても危険な阿部をマークせざるを得ないということです」

――空いたスペースを誰が埋めるのかなど、選手間の連動性は3年目となった今年、かなり熟成されてきたように見えますが？

「もちろん、空いたスペースをどんどん利用していくということを選手たちは知るべき。そのスペースは相手のミスから生まれるものもあるし、自分たちが意図を持って作ったスペースもある。ただ、日本人は、味方がボールを受けるためのスペースを作る囮《おとり》の動きを、なかなか理解してくれない。そこが問題でもあるのだが」

――選手が代わっても方向性はブレず、新しい選手が来ても千葉のサッカーに染まっていく。

「膠着《こうちゃく》して同じ方向性でやっているわけではない。なぜなら、サッカーとは日々進化していくものだから。その答えも哲学的なものになってくるのだが……。各チームの監督は、全然違うやり方でサッカーをやる。もちろん、各監督が自分が一番いいと思っている方法を選択しているんです。それでもいいチームとそうではないチームが分かれてくる。やはりサッカーというのは、すごく美しいスポーツだと思っている。美しいサッカーをするチームがあるのなら、そこは美しいサッカーをするための練習をしているのでしょう。だが、ウチはまだ闘っている状態で、美しさからはかけ離れている。客観的に見たらここでは無理でしょうね。だが、それにどこまで近づけるかが大事でしょう」

まさにイビツァ・オシムはここにいた。

美しいサッカーを追求しながらも、目の前にある現実を直視して時に達観を思わせるコメントを吐く。経験に基づく無数の引き出しから、すべては織り込み済みなのかもしれない。私はその振幅が気になった。

監督は自分のことをリアリストだと思いますか、それともロマンチストだと思いますか？　と聞くと、苦笑した。

「まあ、状況によるね。ロマンチックな気持ちがあっても、実際の生活が現実に引き戻すでしょう」。最後に聞いてみた。

——指導者のなかには「自分だって攻撃的に行きたいんだ。でもこのメンバーでは無理だから守るんだ」という人が、多く見受けられます。そういう人に、監督の哲学として伝えたいことがありますか？

オシムは意図を理解すると、視線を合わせて即答した。

「何もありません。それが彼らの考えであるからです。それに、いい話ではないですか。そういう選手がいないから守るというのは。攻められる選手がいたら攻めればいいんです。だからといって、『ロナウジーニョのような選手がチームにいないから攻めない』というわけではないのですが。守るのは簡単ですよ。作り上げることより崩すことは簡単なんです。家を建てるのは難しいが、崩すのは一瞬。サッカーもそうでしょう。攻撃的ないいサッカーをしようとする。それはいい家を建てようとする意味。ただ、それを壊すのは簡単です。戦術的なファウルをしたり、引いて守ったりして、相手のいいプレーをブチ壊せばいい。作り上げる、つまり攻めることは難しい。でもね、作り上げることのほうがいい人生でしょう。そう思いませんか？」

オシムの言葉のすべてを祖国崩壊の因果関係に結びつけることはしたくない。

しかし、間違いなく断言できることがある。サッカーと人生がこれほどまでに折り重なった監督はいない。ユーゴスラビア分裂を全身で受け止めた最後の代表監督。生き抜くことはサッカーそのものと密接に絡んでいた。オシム語録にしばしば「人生」が出てくるのは、喩《たと》えではなく当然の帰結。

オシムの生き方そのものが、強靱《きょうじん》な攻めの哲学なのだ。

「もっと上を見ていいんだぞ」

オシムは言った。

「要するに、この〝リスクを冒す哲学〟を、私個人だけではなく、千葉の選手たちと共有し、ともにやっていけるのかということです」

では、選手はどう見ているのか。この項ではオシムの持つ求心力とそのアプローチの仕方を検証したい。

私は、毎年暮れになると契約についての回答を出さず欧州に帰国するオシムが、実は長期的な視座に立ってジェフを見ているのではないかと考えていた。

1年目から結果が出たことで見逃されがちだが、オシムは実はここ3年間で段階的にチームをレベルアップさせようとしてきたのではないか、と羽生直剛も感じていた。

「とにかく最初の1年は運動量、崩すためには動かなきゃいけないというのを強く意識させられたと思います。2年目は、走ることの意味を叩き込まれた。そして、3年目の今年はそれにプラスして、もっと技術面や、ゴール前での崩しなどを教えられています。確かにそういう段階を経ているような感じがしています」

オシムは「羽生はそのポジションにもっといい選手がいても、どこかで使いたくなる選手だ」と言った。そう言わしめるようになっていったのには当然ながら、深い過程があった。走るサッカーの象徴のような羽生はこう見ていた。

「監督は厳しいけど、誰よりも選手のことを考えてくれているんです。それが求心力になっていると思います。僕も最初は練習でミスをすると、いきなり『お前だけ走ってこい！』と、開始早々にひとりだけ罰走させられて、何だよと思っていたんですよ……」

でも、今考えてみると、さらにレベルアップできると信頼されていたからだと思えるのだ。

「監督はよく、トップ下の選手が簡単に5メートル、10メートルのパスをミスしていたら、サッカーにならないと言うんです。その意味では、僕がそこ（トップ下）をやるのなら、ミスは絶対に犯しちゃいけないですよね。練習でひとつのメニューが始まって

『やれ』と言われた時に、最初はゆっくり入っちゃったりしますよね。様子を見ながら、みたいなパスを出して、たまたま受ける側もそういう気持ちで入っていると、多少ズレるじゃないですか。それで僕のパスミスみたいになる。そういうのが許されないんです。1年目からすごく言われました。すぐに、『お前、走って来い』。散々繰り返されたので、僕はもう練習の1本目のパスから集中しよう、と思うようになったし、数メートルという短いパスでも、しっかり通そうという気持ちになりましたね。なんで1本のパスで、俺だけこんなに走らされなきゃいけないのかと当初は悔しかったんですが、それがあるから今があるんですよ」

1本のパスもおろそかにしない意識を徹底させる一方、選手のモチベーションを上げる言葉もオシムは用意していた。

「ずっと厳しいことを言っておいて、ふとした時に、ポンと『もうワールドカップ出場を狙っていないのか』とか、『もっと上を見ていいんだぞ』とか、声をかけるんです。例えば阿部やいろいろな選手に、お前たちは代表の選手に劣っている部分はそんなにないんだから、もっと上を見ていいんだと、言ってくれたりするんです。だから、けなすだけじゃないし、一番選手のことを思っている監督だと思います。選手が傷つくようなこと？　結構言いますよ（笑）。僕が調子が悪い時に、『お前、サイドで工藤《くどう》よりいいプレーができないんなら、もう試合に出さないぞ』とか、平気で言われました（笑）。みんなで、あれはひどいよな、と言っていたんですけど、でも、それはそれで、もう1回サイドでいいプレーをしてやる、というモチベーションにも繋《つな》がりましたね。変わった言い方で言えば、練習中に僕がミスった時に、『お前がバカなのか、俺がバカなのか、どっちかなんだろうけど、今のはお前のほうがバカだろ？』みたいな……。まあ、そういうことで見返そうという選手がうちのチームには多いのかなというのもありますけど」

オシムにこの羽生に対する「工藤を使うぞ！」発言の真意を聞いてみた。

ライバルの名前を直接出すといった行為は、日本人指導者は好まない。

「まず、羽生と工藤を比べてモチベーションを上げようとしたのではない。羽生はダイレクトに私の言ったことを取り過ぎているが、彼に何かを考えさせるために言ったのが意図だ。羽生は、自らの年齢から考えても、まだまだ自分は伸びることを信じて、現状に満足せず、実現できる目標を定めるべきだ。そういう話をしている。羽生と工藤というのは同じポジションをふたりで争っている。実際に似たようなタイプでもある。しかし、時には羽生と工藤は共存して、ふたりとも試合に出ていく状況もあるだろう。中堅の羽生と若い工藤。大事なことは比べて優劣を決めて競わせることではなく、実力的に伯仲した選手をかけ合わせてチームにとって前進できる話をするということだ。FWでも同様で、巻、ハース、林、ポペスクといて、いろんな組み合わせがある。そこで考える。技術的には他の3人に劣るかもしれない巻を私が外さないのは、彼が献身的に走れる選手だからだ。他の3人がタイプが似ているために、走れる巻が必要になってくる」

「勇人が監督になったらそうすればいい」

オシムを語る上で不可欠なのが、『距離』である。選手との距離、メディアとの距離の取り方は常に一定している。

これについては勇人のエピソードが物語る。アウェイの神戸から帰って来た移動日の練習が、夕方6時からの開始予定だった。しかし、選手たちは無駄な待ち時間を嫌い、着替えてすぐにトレーニングをしたかった。勇人はその要望をオシムに出した。

「選手的にはすぐやりたいんですけど」。間髪《かんはつ》入れずに返された。

「勇人が監督になったらそうすればいい」

「もうね。監督に何か言うと一言で返されて自分は何も言えなくなっちゃうんですよ(笑)」

これは日本人選手に対してだけではない。

えてして外国人監督は、自分が連れてきた外国人選手を偏愛したりするものである。

Jリーグ開幕当時には、ある外国人監督が、自らをクラブに推挙してくれた選手を好遇し、雨の日には使わなかったという逸話すら残っている。

しかし、オシムは一切、特別扱いをしない。むしろ激しく当たる。

「確かに特別扱いする選手はいないですね。さすがに疲れが見えてきた人を休ませたりはしますけど、とにかく練習をやると決めた選手の中では、誰が何をやっても同じ怒り方をするんです。特に外国人選手にも遠慮はしないです。マリオ（ハース）ともガンガン喧嘩《けんか》するし、イリヤン（ストヤノフ）にもすごくきついことを言う。試合に出ている人だけでなく、出ていない人にも言うんです。

とにかく横一線というか、チャンスを摑んだ人は試合に出て行けるというのが徹底されています」（羽生）

選手を先入観で見ない。すべてを平等に扱う。言葉では成立しても、ほとんどのリーダーが実行できずにいる命題だ。

この平等性についてオシムはこう語る。

「年俸の差にかかわらず、選手は全員同じ選手なのだから、皆、対等に平等に接するのが普通だろう。大体、選手の中で自然とランクやキャラクター分けがされるものだ。試合や練習の中で、何かが起こったら怒鳴られる選手というのが選手の中で必ず決まってくる。そいつのせいじゃなくてもそいつが怒鳴られる。それが怖い。その雰囲気の中で監督までが、そいつを怒鳴っていたらどうなるんだ？

もしかしたら、隠れた才能があって、密《ひそ》かに成長をしているかもしれない選手をそれで萎縮《いしゅく》させてしまうことになる。平等に見るということは自分をフラットにするということでもある。もちろん監督だって完全じゃない。そのことを自覚した上で選手を見ている」

見る。かつてストイコビッチやヴァスティッチが興味深いことを言っている。

「厳しさは格段にあったが、懲罰のようなことはしない。オシムは自分の選手としての将来についてまで考えてくれていた。ミスは指摘しても、その後もしっかりと見ていてくれる」

思い当たる象徴的な出来事があった。4月9日の大分トリニータ戦、試合開始早々からサイドを破られ続けた19歳の水本をオシムは前半10分でベンチに下げた。あまりに早い見切りに水本の次節以降の出場は当分ないかと思われた。ところが、4日後のジュビロ磐田戦では、オシムは当然のように先発で使った。その後もメンバー表には名前を書き続けた。7月23日、川崎フロンターレ戦。水本はJ屈指のFWジュニーニョを見事に完封した。

「うちはナイーブなポジションに若い選手が多い」と口にするが、その若い選手が不可欠な戦力に変わってゆく。

水本を信じて育てていく過程に興味があった。10分で交代させた後、次の試合までに彼に何か具体的な言葉はかけたのだろうか。答えはNe《ネー》（ノー）だった。

「何も言うことはないだろう。10分で代えただけで十分だ。水本自身があの10分で代えた意味が分からないようだったら意味がない。大事なのは言葉ではなく、自分でその意味を感じているか。前も話したが、時としては何も言わないほうが、100万語を費やすよりも伝わる場合がある」

彼を次節の試合でも先発で使おうと思ったのはいつだったのか。

「あそこで代えても、次からまた使うことは決まっていた。と言うのは、何かの罰で下げたのではなく、彼がまた成長する糧となるように代えたんだ。ユダヤ人が結束が固いのを知っているだろう？　彼らには『2回までは助けろよ』という諺《ことわざ》があって、3回目は助けない。1回ミスしたら助ける、2回ミスしても助ける、3回目は助けない。そういうことだ。ただ、別に私は水本を助けているわけじゃない、それは若い彼のチャンスで、うまく彼自身が活用していかないと意味がない。もし本当のプロフェッショナルなチームだったら、もう次の試合では絶対に出ていないだろう。それだけ試合には集中して臨むべきだということだ。懲罰ではなく、考えさせること。チームには他にも結城《ゆうき》という理想的なDFもいる。そういう中で実際に水本が自分の役割を考えてどうやっていくべきかということを考えさせた出来事だったと思っている」

モチベーションアップとは「アメか、ムチ」ではなく「選手が自分で考えることに向けてのサポート」という姿勢が一貫している。

オシムはミスについて言う。

「ミスをした選手を使わないと、彼らは怖がってリスクを冒さなくなってしまう」

その方法論がいかに成功しているかは、次の羽生の言葉ですっと理解することができた。

「監督と出会って蓄積されたもの。プロとしての厳しさや、ファンの人をよく考えろということですね。『人数が少なくても、お金を払ってお前たちを観《み》に来てくれている人に対して、お前らはそれだけのプレーができるのか？』と言われます。プロとはこういうものだというのを教えてくれました。

世界を知っている監督が身体の小さい僕に対して、『小さければ、こういうプレーができる』とか、『小さくても、こういうサッカースタイルでやればいけるんだ』と言って自分を使ってくれている。多少なりとも評価してくれるということで、これから何年か現役をやっていくのに、『僕はこういうスタイルでいいんだ』という確信ができました。監督のおかげで迷うことなくこれを続ければいいんだ、という気持ちになれたんです」

第9章
「毎日、選手から学んでいる」

© Shintaro Suda

「私の仕事はスイカを売ることではなく、
生きている人間と接しているわけだから」

「無数にあるシステムそれ自体を語ることに、いったいどんな意味があるというのか。大切なことは、まずどういう選手がいるか把握すること。個性を活《い》かすシステムでなければ意味がない。システムが人間の上に君臨することは許されないのだ」

「日本人は本当に戦術やシステムを語ることが好きだ。しかし、サッカーには相手がある。４－４－２も３－５－２も相手を考えずにイメージするだけでは、空想上の器械体操だ」

スカウティングと修正、選手交代の妙を見せたのが、２００５年７月９日のアルビレックス新潟戦だった。

前々節の浦和レッズ戦をビデオで分析した結果、オシムはアルビレックスが４枚のＤＦで来ることを予想していた。赤い集団との一戦では両サイドバックは上がらず、相手ボールになればトップの両翼である海本幸治郎《かいもとこうじろう》も鈴木慎吾も下がって６バックのような壁を作っていた。

これを「チェルシーを真似している部分がある」と評し、「うまくいっている部分もあれば逆にシステムが人を超えている面もある」と見ていた。

オシムはまず巻、林、山岸の3枚のFWをピッチに立たせた。相手が引いて来るのなら中盤を厚くするよりも、前に人数を置こうという考えである。前線でサイドに張らして、起点を作る。

そしてこの試合、開幕前から試行していた2バックを敷く。よりリスクを冒す攻撃的な布陣は、まず斎藤とストヤノフが最後尾に入る。

鈴木と海本の攻撃参加には注意しなくてはいけないので、経験のある羽生と坂本に両サイドをケアーさせる。オシムは海本幸治郎がグランパスにいた頃《ころ》から、豊富な運動量を高く評価していた。右の林が、典型的な攻撃型の選手なので、その後ろにディフェンスのうまい坂本を配置する。

先述のインタビューでも答えていたが、坂本はオシムにとって両サイドとボランチができるユーティリティープレーヤーである。特にしつこい守備のパフォーマンスを買っている。

あえてオシムの嫌がるシステム論で言えば、新潟の4－3－3に対して、2－5－3で試合に入って行った。

しかし、前半はこれが機能しなかった。トップを3人入れたことで、むしろスペースが消えてしまい、フィニッシュまで持っていけない。3トップの両翼と羽生、坂本の攻め上がりで数的にサイドは制圧することができたものの、手詰まり感は否《いな》めなかった。逆にCKをクリアーしようとした羽生のミスに付けこまれて失点。0－1で前半を終了する。言うならば「システムに勝って、人的に負けた」という45分だった。

後半、オシムは動く。

まず相手の右を封じる必要があった。喜多《きた》の上がりを警戒し、坂本を右から左サイドに持ってきた。山岸を右サイドバックに転換し、やり慣れた2トップに戻して羽生を従来のオフェンシブハーフに置いた。

ボールは回り始めた。

後半8分。オシムからDFのひとりのつもりでプレーしろと言われていた勇人が、低い位置から得意の飛び出しで駆け上がって来ると、羽生から絶妙のクロスが入った。ボレー、ゴール！　汗かきに定評がある岡山《おかやま》をマークしながら、見事な嗅覚《きゅうかく》で仕事をこなし1－1の同点に追いついた。

その後は点の取り合いになった。

14分にセットプレーから上野優作《うえのゆうさく》のゴールで再びリードを許すと、2分後は巻のシュートで追いつく。ここからオシムは次々と攻撃のカードを切る。

19分、林に代えて要田《ようだ》。21分にポペスクに代えて工藤。31分に山岸に代えて楽山《らくやま》。

ジェフのサッカーが、ようやく始まった。中から外へ、外から中へ。プレーディスタンスの狭いポペスクの代わりに工藤が入ったことで崩しのパスが活性化する。

連続攻撃が間断なく続き、ゴールの予感が高くなって来た41分。

羽生から来たアーリークロスを巻が合わせた。GK野澤《のざわ》が反応したが、そこに要田がいた。ヴィッセル神戸を解雇されてから、JFL横浜FC、そこからスペインへ渡り浪人、日本の地域リーグに戻り、パラグアイで再起をかけ、再び日本のジェフへ返り咲いた苦労人は、泥臭く、いつも身体を張るプレーヤーだった。3−2で勝利。

オシムは決勝ゴールを決めた男を笑いながら、こう評した。選手がこのコメントを読むであろうと考えながら。

「要田は要田でしょう。欠点も少なくない。ジェフにはマリオと巻が先発して、林もそこに絡んでくる。高橋同様に、なかなか試合に出られる状況にはない。それでも要田は普段の練習で決して手を抜かない。それこそが彼の特徴だ。要田が今日のような結果を出したことで、他の選手の手本になっただろう」

見ている、ということをここでも発信している。

後半からのフォーメーションの大胆な変更と、サブの3人投入が勝利を手繰《たぐ》り寄せた。

普段控えにいる選手が先発で出ると、まずアピールとノーミスの意識の狭間《はざま》で硬くなるものだ。

控えの選手をピッチに送り出す際のポイントを、オシムに聞いた。

回答は明快にして、やはり経験の伴うものだった。

「リザーブがグラウンドの中へ入る、そこでどんなアドバイスができるかというのは簡単なものではない。なぜなら、ベンチにいて、それからグラウンドの中に入るというシチュエーションにおいて物事はもうすでに複雑だ。

例えば、ベンチにいる選手でも、もうそこにいることでさえ運がいいと感じて座っている選手もいれば、何で俺《おれ》は先発じゃないんだという不満を抱えて座っている選手もいる。その選手によってグラウンドの中に入った時に、何をしようかという考えは異なる。満足していない選手は当然、ピッチの中に入ったら自分は見せてやろう、という部分が強い。駄目な場合は、それで周りとの調和を壊す時もあるが、そのひとりのプレーで点が入ることもあるかもしれない。

こうとも言える。実際に不満を抱えてベンチにいる選手は、先発している他者よりももっとレギュラーとして出たいという強い気持ちを持っている。それはいいことだ。なぜなら、自分はこのベンチにいるだけで満足だと思って座っている人間のほうが実際に使えないのだから」

彼はどんな思いでベンチに座っているのか——。すべての選手の心理状態をつぶさに観察し、分析している。実際にジェフの選手たちから話を聞くと、メディアを通して監督の考えを知る度にそこまで自分の思いを知りえていたのかと驚いた、という証言が幾つも出てくる。

「とにかく毎日選手と会っているわけだから、毎日、選手から学んでいる。毎日学んでも完全に学ぶことは絶対にありえない。ひとりひとり心理状態は違うし、環境も異なるからだ。

実際、観客には絶対に分からないことだが、選手といっても人間だから、奥さんと喧《けん》嘩《か》している、両親とうまくいっていない、そういう細かいプライベートの繊細なことがサッカーには影響してくる。練習場に来た時にやる気があるのか、と疑問を感じる人間もいる。毎日の中でそんなことを読み取っていく。プライベートの問題については、すべてを知ることはできないけれども、大まかなことは知っておくのも大事だ」

ここまで言うと、最後はまた独特の言い回しで、笑いを誘った。

「だって、私の仕事はスイカを売ることではなく、そういう生きている人間と接しているわけだから（笑）」

見ているのは、選手だけではない。

あるスポーツ紙の番記者が、試合中のＤＦの攻め上がりについて質問したことがある。

「あの結城のオーバーラップは練習でやっていたんですか？」

オシムは即答する。

「知らないはずがないだろう。君は3日前の練習で見ていただろうが！」

番記者は驚いた。3日前、確かに練習を見てはいたが、多数いる見学サポーターに混ざって金網越しに覗《のぞ》いていたに過ぎない。フィールドを凝視し、こちらに背を向けていたオシムは一瞥《いちべつ》だにしなかったはずなのに……。

「たまには試合に関係のないことも聞いてもらえませんか？」

9月17日、大宮アルディージャ戦後の監督記者会見は、突拍子のない言葉から始まった。

「毎回、毎回、試合の感想、試合の感想と言われてばかりです。たまには他のことも聞いてもらえませんか？」

何を言い出すんだ。

「例えば、試合に関係のないこととか。それだったらいっぱい答えられますよ」

サッカーの監督会見だろう。

「例えば今日の前半については、何も考えたくありません」

——えぇっと、では監督のそういう要望ですので、質問のある方は挙手を……。

大宮の司会も巻き込まれてるし……。

「まあ、今のが答えなんですけどね。前半に関しては何も答えることがありませんということです」

笑い。笑い。カッコ笑い。ああ、またこのオヤジは、という空気が充満する中で、オシムは気持ち良さそうに続ける。

「戦術的にも大宮はすごくいいプレスをしていましたし、引いて守って、点こそ取れていませんが、2点入ってもおかしくないうちのミスを誘っていました。普通プロの選手はああいうミスはしません。うちも後半はあのようなプレーは続けられないので、もう少し走り出して、何人かの選手の役目を変えた。そういう意味で最後のほうは大宮にとって危険な試合にはなっていきました」

気分が良いのには、やはり理由がある。

監督として最も嬉《うれ》しいのは、選手が自発的に意見を言って動き出した時だと言う。ただし、それは試合の流れを理解した上でのアクションでなければならない。グラーツ時代のこんな逸話を聞いたことがある。

オシムに向かって某選手が、試合中にアップを繰り返してアピールをした。

「監督、とにかく走ります。だから使って下さい」

しかし、試合展開からすれば、どう考えても彼の投入はありえなかった。

オシムは答えた。

「そんなに走りたければ、銃を持ってボスニアへ行って来い」

流れも考えず、アピールするだけでは意味がない。これではいけない。しかし、この日は違った。

ハーフタイム。ロッカーに引き上げる選手たちの足取りは重かった。先の45分は全くいいところがなかった。

久しぶりのデーゲーム。芝が禿《は》げ上がった劣悪なフィールド。言い訳を探せばキリがない。しかしそれは相手も同じ条件である。

大宮はワントップ、ワンボランチで臨んできた。頂点に山下芳輝《よしてる》を置き、中盤の底を斉藤雅人《さいとうまさと》が受け持つ。中盤は横山、藤本、久永《ひさなが》、金澤の4人がフラットに並ぶ。

4－1－4－1は形状だけ見れば、オシムと同世代のカレル・ブリュックナー監督がチェコ代表で見せるフォーメーションだが、チェコが前からのプレスでアグレッシブに向かうのに対し、大宮のそれは引き気味に構えて中盤のスペースを潰《つぶ》してカウンターというゲームプラン。これが嵌《はま》った。ストヤノフのドリブルでの中央突破も研究されていて、山下がマンマークで付いて自由にさせない。

ジェフはロングボールを蹴《け》るしかなく、反対に大宮が繰り出す攻撃を摑《つか》まえられなかった。10分に横山、37分に山下が放ったシュートはともにフリーで、失点の予感は絶えることがなかった。

実験を続けるオシムは、この日の布陣を、また前節と変えていた。右アウトサイドに勇人、左のボランチに坂本。

「何もない」前半が終わり、何かを起こさなくてはいけないハーフタイムになった。

オシムはハーフタイムを修正と同時に観察の時間として見る。

「練習や試合の中で、もしくは試合のロッカールームの中で、選手を理解する様々な手がかりを見ることができる。特に、選手というのは、自分のプレーに対する恐怖を隠そうとする部分がある。恐怖を隠そうとして、自分が恐怖を感じていること自体を忘れてしまったりするのだ。例えば試合のロッカールームで、大声を張り上げたり、怒鳴ってみんなに声をかけている人間は、大体、自分自身がびびっている。逆に、ロッカールームの選手たちがシーンとしている、誰も話さない。だとしたら、その時点でそのチームはもう終わっている。一番いいのは冷静に、言うべきことを話し合っているような状態であれば、そのチームは何かを成し遂げられるだろう」

この試合のジェフがそうだった。

キャプテンの阿部が発言し、櫛野《くしの》が気合を入れ、坂本が分析する。

給水しながら、淡々と、しかし、熱い話し合いが持たれた。幾度もアイデアが交換されて、勝利に飢えた言葉が室内を飛び交った。

結果、選手たちの中で元の布陣に戻そうという意見にまとまった。

「監督に言おう」

その時、ドアが開いた。

ぬうっと巨体が入って来た。

いつもの監督との距離を考えればすぐには言えない。

オシムはゆっくりとロッカーを見渡す。と、ホワイトボードの前へ進んだ。

ピッチの図形の上に選手の名前を書き出した。Hayashi、Maki……。後半の布陣だ。マーカーが板上を滑る。サイドにSaka、ボランチにYuto。

選手と監督の意図が合致した瞬間だった。

「坂本には毎回いろんなことをさせている。いろんなポジションができる選手だから。あとは対戦相手で変わる。うちは各ポジションにいろんな選手がいるわけではないから、彼がその役目をやらざるをえないということだ。ディフェンシブになろうが、サイドになろうが、ストッパーになろうが、です。うちには何人もそういう選手がいる。阿部、羽生、コウキ（水野）、山岸もそうです」

後半の相手の展開も予想していた。

「相手の左サイドが疲れて来て、右から攻めてくるのはある程度読んでいた。あとはゴールを割らせないようにした。相手を批判するわけではないが、どんなチームにも問題はある。藤本はスピードのある危険な選手だが、90分もたない。桜井も怪我《けが》上がりで、長い出場には疑問符がつく。トゥットもいないのでFWにボールが当たらない。落ちてくる時間帯が必ずある」

試合内容から言えば、大宮に分《ぶ》があった。それでも後半、水野のFKからの混戦に勇人がこぼれたボールを押し込んだ。

おそらく2年前ならば落としていたであろう試合を、勝利で終えることができた。

これが根付き始めた「勝者のメンタリティー」だろうか。

勇人は反省しきりだった。

「今日は半分も走れなかったです」

決勝点を上げたことよりも、走った量と質で自らを検分する癖がついている。

かつてサッカーの試合を見るよりもサッカーゲームをするほうが楽しいと言っていた男は、すっかり欧州サッカーに嵌っている。

勇人はオシムに聞きたいことがあった。

2005年チャンピオンズリーグの決勝、リバプールとの死闘の中で、ACミランの監督アンチェロッティは延長でガットゥーゾに代えてルイ・コスタを投入した。

勇人は、ミランの中でも抜群に運動量が多く、その上献身的に身体を張るガットゥーゾが好きだった。

欧州王者を決める大事な一戦で、チームのために走れるガットゥーゾを下げて、綺麗《きれい》なパスを供給するルイ・コスタの投入。オシムさんならどうしただろうと勇人は考える。

「監督はあの交代を支持しますか？　監督ならやはり、ルイ・コスタを入れますか？」

勇人はオシムにそれを聞きたい。でもまだ聞けない。それが微妙な監督との距離。

オシムは何と言うだろう。

「勇人が監督になったら考えればいいよ」か。

「ルイ・コスタはミランの選手だよな。出てはいけないのか？」か。

いや、きっと真摯《しんし》に丁寧に答えるだろう。その答えがどんなものであろうと。

2004年の仙台戦で勇人が2ゴールを決めた時、そのことについて会見で記者が質問すると、オシムは、

「ユウトが点を取ったのではなく、ジェフというチームが点を取ったのです」と切り返した。

その意味が今はよく分かる。

今年（2005年）の春のトルコキャンプで、ジェフはズベズダとテストマッチを行っている。

オシムは、「お前たちが経験したことのない鋭いカウンターのチームだぞ」と選手に

言った。

本当だった。選手たちは「去年やったレアルよりも、ある意味、衝撃的だった」と口にした。監督は、ああいうチームとダービーで戦っていたのかと改めて感じ入っている。

選手バスに向かうオシムが出てきた。気さくにファンとの記念写真に応じている。笑顔、笑顔、笑顔。圧力をかける政治家もいない。大富豪オーナーの口出しもない。こんな時に、日本の生活が気に入っていることが窺《うかが》い知れる。今年、とあるスポンサーがオシムに言ったそうだ。

――監督、今日は絶対勝って下さいね。

返した。

「そんなに勝ちたいんだったら、レアルのスポンサーをやったらいいでしょう」

何でもずけずけと言ってしまう。

立ち話で聞いた。

――この大宮のスタジアム、覚えていますよね。

オシムは頷《うなず》いた。

「ああ、もちろん覚えている。あれからいろいろあった」

14年前にパルチザンの監督として来日した際、日本代表と戦った古戦場がこの大宮だったのだ。

確かにいろいろあった。

91年、すでに存在した選手起用に介入する圧力との戦い、翌年には包囲戦が始まり、国が壊れた。家族とは引き裂かれ、欧州ではサッカーをスポイルする商業主義との苦闘。あれから12年の歳月が流れ、デイトン合意から今年で10周年を迎える。ひとつ言えることは、フットボールの神に頭《こうべ》を垂れて来たオシムが、日本の地で、純粋にサッカーのコーチができているということ。

そして紛れもなく素晴らしいフットボーラーが彼の手によってこしらえられているということだ。

9月24日、対清水エスパルス戦2－1。会見の最中、火災報知器が誤作動して鳴り出した。オシムはにこりともせずに言った。

「私の仕事にはもうとっくに火がついているけどね」

それよりも印象的だったのは、対戦相手の長谷川健太《はせがわけんた》監督のコメントだった。アウェイなのに勝ち点1ではなくて勝ち点3を狙《ねら》っていくような姿勢に見えたが、の質問に、

「千葉がどの試合でも勝ち点3を狙って戦ってくるチームだけに、こちらが初めから勝ち点1を取りにいくとは選手たちにも言えません。最後まで勝ちにこだわって戦った選

手を讃《たた》えたいと思います。それが見ている人には一番面白いサッカーになると思っているので、ネガティブに勝ち点1を取りにいこうとは一切考えていません」

「お前のせいで、引き分けたんだ」

現在活躍している選手にはそれぞれオシムに仕込まれた萌芽《ほうが》のための記憶がある。

2005年10月1日、坂本将貴は鹿島アントラーズとの試合で、俊足FW深井正樹《ふかいまさき》を密着マークして、ほとんどクロスを上げさせなかった。試合は2－2の引き分けに終わったが、彼が劣勢になった時間帯で身体を張ったことは大きかった。複数のポジションをこなし、守備に関して信頼を誇る坂本の場合、それは2003年7月20日のジュビロ磐田戦の後の出来事だった。

「プロサッカー選手になって、初めて悔しさのあまり、号泣したんです」

泣かせたのはオシム。

「あの優勝を争っていた試合で僕は右をやっていて、トシヤ（藤田）さんをマークしていたんです。一度ヨンスのPKで逆転するんですが、その直後に、セットプレーからジブコビッチのセンタリングで点を取られてしまうんです。監督からは『絶対にお前のサイドからはセンタリングを上げさせないこと』と言われていたんですが、自分のマークとセットプレーの時のマークは違う選手だったというのもあって、少し迷ったんですね。外に出させたら、そのまま対応できるかなと思ったんですが、結局、そこで上げられて前田にヘディングされてしまったんです。

試合が終わって、その直後です。ロッカールームにみんなで帰ってきて、もう、水を飲む時間もなく、すぐですよ。自分のロッカーの前に座って、顔を上げたら目の前に監督が立っていたんです。

『お前のせいで、きょうの試合は引き分けてしまったんだ』といきなり怒鳴られたんです。

『お前のところでセンタリングを上げさせなければ、失点はなかっただろう』とチームメイトの前で言われて、自分もすごく悔しくて、泣いてしまったんです。あの前に僕もトシヤさんに倒されてPKは取ったけれども、そのことに関しては本当に何も言わないんですよ。失点のことだけ。その時はヨンスが、逆に監督に対して怒り出したんです。負けていないのに何だよ、という感じで。チームとしては快進撃の時期でしたけど、もう雰囲気は悪かったですね。

それで、翌日、監督と一緒に昼食をとったんです。練習が終わった後にストレッチをしていたら監督が来てくれて、『昨日のことについて話したいから』というので、スタッフ全員と僕と、あとGMと、初めて一緒に昼食に行ったんです。

そこでなぜ、ああいう見方をあの場でしたのか、ということを初めて監督に言われたんです。やっぱり、失点のことというのは、その場で言っておかないといけない。センタリングを上げさせたことがいけないのは確かだ。あの時、中に3人いた。3対1で、結局は前田のヘディングでやられている。人が足りているのにやられている。でも私はそこを言うんじゃなくて、結局、お前が最後でセンタリングを上げさせたことがいけないと言う。やっぱり得点した直後の失点ということで、ああいうことはやってはいけない。それは、今後お前が気づいていかないといけないところだ、と。お前に言うことによって、チームへの影響力を考えた。このチームはすごくおとなしい、若いチームであって、声を出す奴《やつ》が少ない。もっと言い合ってもいいんじゃないかと。そういう意味で、引っ張っていける人がいなきゃいけない、ということを言うんですね。お前を通してみんなに伝えて欲しいものがあるって。

心の中に沁《し》みましたね。あれで、監督についていこうと思いました」

責任感の強い坂本は健気《けなげ》に振り返る。しかしGMの祖母井によると、実は食事の最中もオシムは「昨日はお前が悪い。やっぱりお前が悪い。お前のせいで引き分けた」とフォローもそこそこに、叱責《しっせき》を続けていたという。周囲はハラハラしていたが、曖昧《あいまい》にことを流さず、徹底的に意識に刷り込んだことで、その後の坂本のプレーに真剣味が増したことは容易に想像できる。

り返した。

10月5日、浦和レッズとのナビスコカップ準決勝で、阿部勇樹は先攻された2点を取り返した。

1点目は林丈統《たけのり》のコーナーキックに頭から飛び込んだ、その名と同じ勇気あるゴール。2点目は、ゴール前の混戦から叩き込んだ泥臭いシュートだった。

ジェフの関係者はユース時代から抜群にうまかったけれど、どこか気弱さが抜けずにいた阿部のたくましい成長ぶりに目を見張っている。

広報課長の近藤栄一《こんどうえいいち》（当時）は、かつて合宿などでひとりぽつんと食事をとっている阿部を見ては一緒に食べようと誘っていた。

「ジュニアユースの時から、うまかったのでいつも上の世代とサッカーをやっていた。中学の時は高校生とやり、高校2年ではトップに上がった。常にお兄ちゃんたちの中の末っ子。だから、自然に遠慮する弟的なメンタリティーが備わってしまったのではないか」と歯がゆく感じていた。

その阿部が、今ではゲーム中に声を張り上げ、仲間を叱咤《しった》し続ける。ハーフタイムにはロッカールームの自分の席ではなく、真ん中に腰を降ろし、中心となって修正を仕切る。

Jリーグナンバー1の正確無比なFKやパスもさることながら、相手のキープレーヤーのマークについて、仕事をさせない刺客ぶりも際立っている。

阿部が自覚する出来事は、2003年3月15日のセレッソ大阪戦の試合前にある。

阿部はこの時、いきなり今シーズンのキャプテンを言い渡されるのである。実際にはその前のちばぎんカップで一度やっているのだが、公式戦で正式に言われるとは全く想像していなかった。

「ナビスコの初戦でしたね。その時の試合前に、監督から直接ではないんですけども、江尻《えじり》コーチから言われて。で、その時は、やっぱり上の選手がいたし、『ええっ』っていう感じですよ」

その場に居合わせた近藤も、阿部の驚愕《きょうがく》した表情を今でも覚えている。常に上のカテゴリーに呼ばれていたために、キャプテン経験はない。ユース時代もしばしばトップに呼ばれていたために、佐藤寿人《ひさと》がマークを付けていた。大先輩を前に末っ子をいきなり家長に据えるようなオシムの大抜擢《だいばってき》。

「指名を受けた時は、何で俺なんだろうと考えました。まさか自分がやるとは思わなかったんです。だけど、今考えたら、そこでやっていなかったら、上の人に甘えたプレーをして、その先乗り越えなきゃいけないところを、同じところに、ただ止まっているだけだったと思うんです。本当にキャプテンをやるっていう、たったひとつのきっかけで、僕は少しずつ変われたんじゃないかなと思うんです。

本当に、本当にそれだけのことなんですけどね。でも、キャプテンをやったから、自動的に声も出た。今となっては、なんで前からもっと声を出さなかったんだろうという思いもあるんです。気付かせてくれたのはオシム監督です。ユースの時から、僕があのチームでもっと声を出していたら、もっとチームが良くなったかもしれない。チームのこと考えたら、あぁ、なんてもったいないことしていたのかなと思うんです」

阿部は素直に振り返る。殻を破ることができた感謝を忘れていないだけでなく、チームのために自省をきっちりとしているところにその積極性が垣間《かいま》見られた。キャプテンシーが彼の中でしっかりと根付いているのは、次の言葉からも感じられる。

「自分が攻め上がりをしてもリベロがいるんで同数になるはずなんです。だけど今年、失点が続いていた時期があって、上がった時にそのカバーがなかったのかと自分なりに考えて後ろから意識的に見ることにしたら、ゼロで終えられたんですよ。それからいろいろまた考えましたね」

「僕ね、試合中に
監督の指示が直接聞こえるんですよ」

モチベーションとは考えることの手助けだ、との至言が蘇《よみがえ》る。フェルナンジーニョ、小笠原、ポンテ、各チームの猛者《もさ》とのマッチアップについても自信が溢《あふ》れていた。

「ディフェンスについては全員の選手のボールが取れるわけではないし、間合いも違いますから、一概に言えませんけど、付いたからにはやらなきゃいけないということがあるんで。そういう相手のエースに付けるっていうことも僕は幸せだと思うんです。

監督のおかげで、FKについても自信がつきました。『狙える時は、時間をかけてもいい、でも、狙えても、フリーな選手がいたらすぐ出せ。軽く蹴ってもスピードが出るんだから、1歩踏み込める位置でお前が用意してたら、相手も嫌だろう』っていうことを言われたんです。でも僕、FKはJリーグではあんまり決めてないんですよ（笑）。

パスについては本当に横パスとか、バックパスでミスすると、やっぱり怒りますね。すごく物事をはっきり言うんです。遠回しに言うわけでもなく、ズバッともう本当に『ここがミスだ』っていうことをはっきり言います。あんまり褒《ほ》めないですね（笑）」

かつて日本でパサーと呼ばれたタレントたちは、タメは作っても自分は動かないというタイプが多かった。しかし、阿部は走りながらの出し入れを献身的に行う。パスを出した後や攻守の切り替え後のランニングは出色である。

「いや、正直、監督が代わる前は、後ろに残っていたりとか、バランス下げてあんまり前へ行かないでパス出したりしていたんです。走ったりとかっていうのは、ほんとに少なかったんです。ほとんどやってなかったって言ったほうがいいんですけど……。

監督が来てからです。走れっていうことを常に言われていて、前よりも意識しました。僕ね、試合中に監督の指示が直接聞こえるんですよ。中盤で、相手に付いていて、少しでも離した時に『もっと行けっ』っていうような声が、試合中もなぜか聞こえてきちゃうんですよ、僕のとこまで。

僕はキャプテンやってるわけだし、自分がやんなきゃいけないっていう気持ちが強いからかもしれませんけど、聞こえるんです。さかんに僕の名前を呼んで、右の手刀で左手を叩《たた》いて、マークに付け、もっと付けっていう、こういう指示で。

セルボ・クロアチア語だし、みんな聞こえてないと思うのに（笑）、なんで俺……。走っていても、遠くにいても監督の声や意味が届くんです。分かるんです」

目指すサッカーの段階は変化しても、オシムの厳しさは3年前から変わらない。厳格な対応や激しいトレーニングに対して阿部自身の葛藤《かっとう》はなかったのだろうか。

「監督は疲れて来ると、ジョーク言ってくれたりするんですよ。タイムも計っていて、負荷もきちんと計算してくれているんです。1年目の時も、休みがあんまりなかったんで、上の選手が監督に言いに行ったんですよ。そこでプロとしてどうするべきかっていうことは言ってくれたし、すごく良心的に話してくれたんです。

練習がきつかったのは確かにきつかったんですけど、すごく楽しかったし。自分が上達していくためにはすごくいい監督に付いたなという気がします」

私は2003年のファーストステージ、優勝が実質的に潰《つい》えた清水戦の後のオシムの言葉を思い出した。0－3で負けている状況の後半24分、オシムは同じボランチの望月を入れながら、阿部を下げずに最終ラインに回し、代わりに斎藤を下げたのだ。

試合後にその意図を聞くと、

「本当は阿部を代えたかった。しかし、あの若さでうちのキャプテンでもあり、U－22代表でもある彼が、交代させられると精神的なダメージが大きいだろう。代えないかわりにあの位置に置いたのだ」

その阿部が今、こんなにしっかりとキャプテンシーを発揮している。

「僕が最初に衝撃を受けたのも、一番最初のセレッソ戦なんですよ。あの時前半を1－0で勝っていたんですけど、ハーフタイムに『このままじゃあ負けるぞ』って預言者みたく言ったんです。そうしたら本当に逆転されてしまって、あの時はびっくりしました。この人は何で分かるんだろうって。

何て言うか、試合に勝って、監督と握手する時なんかね、ちょっと嬉しいなっていう感じですね。僕たちがこれだけ世話になったオシム監督に何が恩返しできるかって言ったら、やっぱり優勝しかないと思うんです。監督が喜ぶ顔、その顔が見たいから。いつもはあんまり笑顔を見せないけど、さすがに優勝したら、ちょっとは笑顔を見せるでしょう？　あの監督を喜ばせたいから、僕は頑張っているっていうのはありますね」

阿部は最後に涼しげに笑った。

オシムはまた阿部のいないところで言う。

「初年度の韓国キャンプで阿部の基本技術の高さはすぐに分かった。あとはメンタル面だった。彼には責任を持たせないといけないと考えた」

アシマが夫のいない時に漏らしてくれた。

「自分が来たことでジェフの選手が学んでくれた。イヴァンはそれが何より、嬉しいのです」

「おめでとうの言葉は、
選手やスタッフに言って下さい」

2005年11月5日。ナビスコカップ決勝戦。

0－0の均衡が破れなかった延長戦が終わると、オシムはイタリアW杯の時と同様の行動を取った。120分で決着がつかなければもはや監督としてやるべきことはない。PK戦は見たくない。キッカーを指名すると、踵《きびす》を返してロッカールームに引き籠《こも》った。

ここでは「私の人生においてPK戦にはいい思い出がないから、姿を消した」と試合後に吐露したように、ネガティブな結果を予想していた節がある。

しかし、15年前のユーゴ代表とこの日のジェフのイレブンには大きく異なることがひとつあった。

選手は皆、蹴りたがったのだ。

J屈指の攻撃力を持つガンバ大阪との死闘の果て、疲労は蓄積し、傷つき、身体中に痛みは走る。

しかし、満身創痍《そうい》でたどり着いた地平、PK戦を見守るために組んだ選手たちの両肩は笑みで揺れさえしていた。表情は何かを成し遂げようとする気概に溢れていた。

「90分で決着をつけたかったけど、ここまで来たら楽しんでやろうと皆で言い合っていました」

と勇人は言った。

15年前、フィレンツェで、蹴りたいと言った者はふたり。しかし、今ここでスパイクを脱いでしまう者はひとりもいなかった。

いきなりGK立石《たていし》がガンバの一人目、遠藤のシュートを冷静に見極めて止めた。対してジェフのキッカーは阿部。思いは普遍だ。

「監督の笑顔がみたいから――。僕らをここまでに育ててくれた監督の喜ぶ顔が見たいから――。優勝したら少しは笑ってくれますよね？　だから優勝したいんです」

2年前、突然のキャプテン指名に戸惑った男は、臆《おく》することなく豪快に決めた。林、工藤、水野が続けてネットを揺らした。最後は巻。ゴール右上に叩き込んだ。J開幕以降無冠だったジェフ。13年分の黄色の歓喜が爆発した。

かつて「彼には責任を持たせないといけない」と懸念を持たれていた阿部。そして「まだエースの器ではない」と言われていた巻。

今、二人は重要なPK戦のトップとラストを堂々と受け持ち、見事に責任を果たして勝利を手繰り寄せた。

ようやくフィールドに姿を見せたオシムは、選手たちが行おうとした胴上げを拒否する。初戴冠《たいかん》にも浮かれるな、との意思表示だった。

それでも。

確かに彼は泣いていた。間違いなく泣いていた。潤んだ青い目は何よりも饒舌《じょうぜつ》に彼の内面を語っていた。心理マネージメントに秀でた名将は、就任直後の走りのメニューに不満が続出したことも織り込み済みだったろう。それでも選手たちはやってくれた。ジェフのサポーターの凱歌《がいか》がいつまでも国立競技場に続いていた。

会見場に現れた190cmの巨体はいつものように抑揚のない表情を作って、席についた。

第一声。「ここにあるお菓子は食べていいですか……」とは言わなかった。

「おめでとうの言葉は私よりも選手やチームのスタッフに言ってあげて下さい。彼らは今日、キャリアの中で一つのことを成し遂げたのです」

名将は同時に、哲学者であり、経営者であり、教育者であった。

傍らにはMVPを受賞したGKの立石が座っている。

今年（2005年）の春だったろうか。私が「ポルトガルで会ったイブコビッチ（90年W杯時のユーゴ代表GK）が、『オシムこそ最高の指導者だった』と言っていた」と伝えると、オシムは鼻をならした。

「あいつらに褒められたって嬉しくないね。たまたま私が最後の監督だから記憶にあるんだろう。大体GKっていうのはちょっとおかしい、変わった奴《やつ》らが多いんだ」

しかし、今、記者の質問に答えているGK立石を見つめる慈愛に満ちた表情はどうだ。

「MVPの賞金の使い道ですか？　子供が生まれたのでミルク代にします」

間瀬が立石の肉声を訳して伝えると一気に表情が崩れた。偏屈を気取る中で人間に対する深い愛情が垣間《かいま》見える。そう。それこそが指導の推進力になっている。

会見はいつものように進んだ。話していることは優勝したからといっていつもと変わらない。サッカーとそれを取り巻く状況の本質に言及していく。

「スポンサーの皆さん、怒らないでね」と言いながら、カップ戦よりもリーグ戦の重要性を説く。

今日は恐怖心を持ってプレーした選手はいましたか？　の質問には、

「あなたは見つけられましたか？　山岸も佐藤も結城も羽生もいいプレーをしていませんでしたか？　恐れとは自分の責任感に対して持つものです」

ただ聞くだけではなく記者も自分の意見を持て、といつも言う。このオヤジは日本のジャーナリストまで鍛えようとしているのか。

年間予算も観客動員数も最下位のチームを率いての日本での初戴冠。

それでもこれを結実と言えばオシムはきっぱりと否定する。

「そう言い切れば成長は止まってしまう。人生はこれで終わるわけではない」

64歳のボスニア人は次になすべきことをすでに視野に入れている。

人生を走れ、走れ。

「ピッチにいても監督の声がなぜか聞こえる。言葉が分かるんですよ」

会見を終えて出て行く背中を見ながら、阿部の言っていた意味が分かったような気がした。

© Norio Rokukawa

第10章 それでも日本サッカーのために

オシムは2階でテレビを観《み》ていた。深夜である。モニターはプレミアリーグをライブで映し出していた。アシマはその横で読書をしている。試合が終わった。アシマはオシムがテレビを消すのを見て、自分も本を閉じて部屋の明かりを落とした。

と、ふいにオシムが暗闇で上体を起こした。「どうしたのだろう。またテレビを観るのだろうか」。そうではなかった。アシマは手首にアクセサリーリングを着けていたが、オシムはそこに指を盛んに引っかけてくる。何か異変を伝えようとしている。アシマは慌てて照明を付けた。

夫の精悍《せいかん》な顔は引き攣《つ》り、唇の左端が下がっていた。

2007年11月16日午前2時20分頃《ごろ》、イビツァ・オシムは急性脳梗塞《のうこうそく》で倒れた。

14年ぶりの決意

――ドイツW杯後、イビツァ・オシムに対して日本サッカー協会が代表監督としてのオファーを出した。

その報を聞いた時、スレチコ・カタネッチは、きっとシュワーボは断ると思ったという。90年イタリア大会では靭帯《じんたい》を損傷していたにもかかわらずユーゴ代表の中盤を支え、獅子《しし》奮迅《ふんじん》の活躍をした男は、引退後母国スロベニアの代表監督として2002年日韓大会に出場を決め、指導者としての研鑽《けんさん》を積んで、今ではマケドニアの代表監督として戦っていた。スコピエでのインタビューでカタネッチはこう答えた。

「イビツァの性格——つまり何年にもわたって信頼するごく親しい友人たちとしか付き合わず、あまりメディアも寄せ付けず、強制的な義務のようなものを好まない性格から考えると、そうなんだ。ユーゴ時代が好《よ》い例だが、代表監督というのは酷《ひど》くストレスがかかる。だから引き受けたと聞いて驚いた。これまでもよくも日本で3年間も耐えられたと思うよ。でも彼にしたらそれなりの理由があったんだろう。挑戦として引き受けたのかもしれないな」

最後に興味深いコメントを出した。

「今回の決定は『総仕上げ』というものじゃないかな」

オシムの心の中は誰にも分からないと、家族までもが言う。しかし、この時はアシマも同様の意見だった。

「イヴァンはきっと日本で自分のキャリアを終えるつもりです」

サッカー監督人生の総仕上げとして、14年ぶりに、オシムはあれほど固辞していた国家代表の監督となった。

就任後、オシムが行ったことは、まず代表の試合の組み方について言葉を用いずに提言をしたことだった。

初陣は8月9日のトリニダード・トバゴ戦。当初、8月1日に予定されていた代表メンバーの発表を「もっと選手を見たい」という理由で8月4日に延期した。3日後に発表されたのはたった13人のメンバーだった。通例は練習も想定して20人は選ぶ。

驚く記者たちを前に「13人でも試合はできますよ」と笑った。

しっかりと自分のサッカーを具現化できる選手を最初から集めたい。ところが、この時期はA3チャンピオンズカップに出場しているジェフ千葉とガンバ大阪の選手、そして海外遠征中の鹿島アントラーズの選手には招集をかけられなかった。

しかし、だからと言って他のチームから適当に20人を選んでお茶を濁そうとは考えなかった。

想定したメンバーからこの時点で実際に呼べる選手の名前を羅列したら、13人だったというわけである。「絶対に妥協はしませんよ」という声なき意思の発信だった。

同時にこれは「もう少し早く私が代表監督になっていたら、このトリニダード・トバゴ戦は断っていた」とのコメントにあるように、無茶な日程を組んだ協会に対する苦言にもなっていた。Ａ３に出場するチーム（すなわちＪリーグで実績のあるチーム）は真夏の８月の最初の１週間に３試合を行っている。そのど真ん中での開催は、強化の意味からして位置づけが見出しづらい。

「かつてドイツがそうだった」と語ったのは当時、浦和レッズの監督をしていたギド・ブッフバルトである。

スポンサーがつき、観客の入る代表戦はドイツ協会にとってもドル箱であった。

「しかし、無理な日程で試合を乱発することで、選手はボロボロになったのだ」

これ以降もオシムは代表選手の発表を試合の直前に行い、ギリギリに追加招集ということを繰り返している。元々彼はＪリーグの試合が残っている前に代表メンバーを発表することに否定的であった。メディアが早めに選手名を発表したいのも分かる。しかし、そうすることでリーグ戦の後に代表の試合を控えた選手のパフォーマンスに影響を及ぼさないか。延《ひ》いてはそれがｔｏｔｏの結果に関与してしまうことを懸念する発言をしている。

ビブスを多種類使った練習も含め、前例のないことが次々に起こり、マスコミはその度に「オシムサプライズ」と伝えた。

サプライズ＝驚きの中で日本の代表選手たちもオシムと出会っていった。

2006年8月　川口能活の喜び

川口能活《よしかつ》は合点がいった。

「ああ、ロビーはそういうことだったのか」

川口にとって『バルカンの黄金銃』こと、ロベルト・プロシネチキは特に思いが強く親交の深い選手だった。旧ユーゴスラビアの代表選手の中でストイコビッチと並んで最も技術が高いと言われ、優勝したチリ・ワールドユースの大会MVP、レアル・マドリードでもバルセロナでも10番を背負った世界的名選手とは2003年に在籍したイングランドのポーツマスで一緒にプレーをしている。

クロアチア人を父にセルビア人を母に持つプロシネチキはユーゴスラビアの解体後、クロアチア国籍を選択。クロアチア代表としてフランスW杯でゴールを上げ、ユーゴ時代と合わせて2国籍に跨《また》がってワールドカップで得点した初めての選手として歴史に名前を刻んでいる。

そんな偉大な男は気さくに川口に声をかけて来た。

「カワグチ、久しぶりだな。元気か？　何でも話して来いよ」

キリンカップやW杯で日本と対戦した時のことを記憶していてくれたのだ。

自国の協会の名前に敢《あ》えて国名を付けない（Football Association）ことからも分かるように、サッカーの母国としての揺るぎないプライドを持つイングランドは、外国人選手に対して風あたりが強い。FAカップで2つ下のカテゴリーであるディビジョン3のチーム、レイトン・オリエントに1－4で負けてしまった時には、ほとんどGKとしての責任はなかったにもかかわらず、メディアやサポーターから批判の集中砲火を浴びてしまった。そんな時にもちょうど家族が来ていたプロシネチキは「ヨシも来いよ」と食事に誘ってくれたのである。川口はプロシネチキと得意のスペイン語で会話を交わすことで気持ちがぐっと楽になった。遠征部屋も同室になり、ことあるごとにお茶に誘い合って友情をしっかりと育んだ。

プロシネチキは独特の佇《たたず》まいや振る舞いを身に付けていた。好みのエスプレッソコーヒーをダブルで飲む時も、プレー中に一喜一憂する時もその所作には他の選手にはない何やらユーモラスな哀愁が宿る。不思議だった。

「どこでそういう人間になったのかというのは当時は分かりませんでしたが……」

数年持っていた疑問が氷解したのは2006年8月に日本代表に招集された時だ。

「オシムさんの指導を受けて分かりました。あの振る舞いはオシムさんにそっくりだったんです。プレーが上手くいかなかった時のジェスチャーなんかもう瓜二つでした。相当ロビーは影響を受けていたんだと思いましたね」

代表に招集されて身近に接した時に、川口はバルカン出身の親友の源流を見た思いがしたというわけである。

私は以前、オシムがプロシネチキについてこう語るのを聞いていた。「典型的なエクストラキッカーで技術は抜きんでていた。ルーツはクロアチアだが、母親の影響で自分のサインを（セルビア人が使う）キリル文字で書く。礼儀正しい青年で戦争中も煽《あお》りたてる周囲に惑わされず冷静に振る舞っていた。真のコスモポリタンだな」

川口の「外国人の立場を理解してくれる素晴らしい人物で、ポーツマスで唯一腹を割って話せた人物」という評価と符合する。

川口は古き良き旧ユーゴ人のメンタリティを知っていた。またイングランドとデンマークでプレーした経験から、モダンな欧州スタンダードを生で体感していた。

その意味で代表チームの中において、ジェフ千葉の選手同様に最も早くオシムのトレーニングを理解し、即座に実行できた選手であった。

「やり方は僕がいたデンマークが近かったですね。でもオシムさんの場合はさらに豊富で、何回招集されても一度として同じことをやらなかったんです。そのうえ選手のコンディションを見て練習メニューが変わる。身体だけではなくて常にアンテナを張って五感を働かせないといけない、そんな楽しさがすごくありました」

キーパーも11人目のフィールドプレーヤーである。ゲーム形式の練習で中に入って足技だけで繫《つな》ぐ。ここまでの練習は名手ペーター・シュマイケルを生んだデンマークで経験がある。しかしオシムの練習は、さらにキーパーをフリーマンとしてセンターサークルの中に入れて、そこに当ててから展開させるというもの。ボールを受けたフリーマンは戦っているどちらのチームに出してもいい。まさに攻撃の軸として参加させるものだが、これが難しい。360度の視野を持って瞬時にピッチ上のツボを見抜いてボールを散らさなくてはいけない。

「最初のうちは上手くできなくて『お前、何やってんだ。もっとちゃんと前を見ろ』と叱《しか》られていましたけど、すごくやりがいがありましたね」

川口は他のメニュー、複雑と言われた多色のビブスを用いた練習についても混乱するどころか、大きな喜びを見出していた。

「たとえば、僕がシュートや、ルーズボールをキャッチして、左から右にこう展開したいときに、ピンクとグリーンのビブスの選手が同じ方向に走っているんですよ。プレー中なのでそれはピンクが敵なのかグリーンが味方なのか、一瞬どっちか分からなくなってしまうんですけど、ちょっとした動きの違いで見分けて判断するわけです。非常に頭を使うし、トレーニングの中で集中力というのを非常に求められますね。研ぎ澄まされて判断がすごく速くなります」

1997年に日本代表に初選出されて以来、4人の代表監督の下でプレーをしてきた川口はかつて経験をしたことのない新鮮な風を感じていた。

「とにかく取ったら早くということをオシムさんは言うんです。例えばキャッチだけではなくてゴールキックにしてもゆっくりやるな、相手が来ていてもいいから繋げ、ロングボールを蹴《け》るなと。ガーナ戦は結果的に負けてしまったんですが（2006年10月4日、0－1）、ハーフタイムに、『前方に蹴っても身長で負けてセカンドボールを拾うのが非常に難しい、拾ったとしても、次にいわゆるパスサッカーができない、だからとにかく、繋げろ、蹴るな』と言うんです。実は僕、若い時からずっとやりたかったんです、そういう後ろから繋ぐサッカーというのを。プロになり始めた時から、取ってから素早くフィードっていうのをすごく意識してやっていたんですよ。ですから、正直、オシムさんと出会って、初めて自分の特徴を引き出してもらえる監督に出会えた。僕はすごく恵まれているなと感じました。初めての練習の中で、僕がキャッチした後で勇人が走って、それに対してスローイングしたときに、『ああ、良いプレーだ。ブラボー！』って言ってくれたんですよね。それが嬉《うれ》しくって」

10代の頃からフィードの速さに定評のあった川口は、キャッチすると同時に常にチャンスメイクを考えていた。最後尾からゲームを組み立てるキーパーというのが彼の理想としていつも脳裏にあったのだ。

――ここはチャンスだ。

――あそこが空いている。

――外に開いて走ってくれていれば次の展開が楽になる。

フィールドを見渡し、瞬時に判断して、素早くスローをしようとする。しかしそれまでほとんどの選手は「落ち着け」とばかりに手で制して動こうとしなかった。

「疲れていて動くのがきついのは分かるんですよ。休むのも大事だと思います。でもGKは後方からポイントが見えているんです。そこに付け入ろう！　という時に、落ち着けと言われると、じゃあいつ行くんだと。イライラが昔からありました。そういう意図で最も動き出しが速かったのが中田英寿《なかたひでとし》でした。彼が代表でプレーをしていた時はその意識が一番高かったです。あとはいい時の城《じょう》（彰二《しょうじ》）でしょうか」

かつて代表では川口が投げる先のほとんどが中田英寿であったと言われている。

アトランタ五輪のブラジル戦で28本のシュートを止め続け、王国を1－0で破るという快挙を成し遂げながらも、フィールドプレーヤーたちの動き出しのなさに違和感を禁じえなかったという川口には当時から、大きな苛立ちがずっとあった。

背の高い列強国と戦う上で長いボールをいくら蹴りこんでも頭で競り負けて奪取されるのは目に見えている。11人全員で動いて繋いで崩すことをチームに徹底したかったというのは五輪代表として日の丸を背負ったアトランタ以来、川口のまさに10年越しの悲願とも言えた。

それが今、チームの一つの方向性として提示されていた。

「それに今の代表はメディアに対してもすごくいい態度で対応していると思います」

――日本は過去、さまざまな知的活動において「外国に追いつけ追いこせ」という掛け声のもと、近代化を果たしてきました。サッカーもその例外ではありません。ドイツ、オランダ、フランス、そして前任者・ジーコ監督のブラジル。さまざまな国のサッカーをキャッチアップすることで強くなろうとしてきました。

「そういう姿勢がかえって、自分たちが今、世界のサッカーシーンにおいてどのような位置にあるのかを認識する妨げになっていたのかもしれません。

私が今おこなっていることは、一見、過去に戻っているように見えているかもしれません。しかしそれは、過去の日本代表チームが、他の国のチームの模倣をして、ある意味で『行き過ぎた』部分があったために、それを修正しているだけのことです。日本のサッカーは、今のままでは〝日本人のサッカー〟に辿りつくことができません。原点に立ち返り、改めて『日本人にしか出来ないサッカー』を作っていくことが必要なのです」

――改めて、日本人の特性についてどのように見ていますか。

「日本人には、他の国民にはない性質、それも、よいサッカーをプレーするために必要な資質が備わっているように思います。俊敏さ、勤勉さ、それから組織力、規律を重んじる責任感など。それらが個人個人にしっかりと備わっている。もちろん、身体的な特徴をいえば、概して背はあまり高くはありません。それを問題とする人もいますが、だからといって、トレーニングをすれば背が急に伸びるわけでもありません。したがって、こういった長所や短所をすべて踏まえた上で強化を進めていく、ということになります」

2007年2月　橋本英郎の観察

　学校の偏差値とサッカーの知性はもちろん異なるが、ガンバ大阪の橋本英郎《はしもとひでお》は大阪市立大学卒という肩書きそのままにフィールド上の動きにインテリジェンスを感じさせる選手である。攻撃的なチームにあって、前に重心がかかり過ぎると感じたときは必ずバランスを取って危険な芽を潰《つぶ》していく。当然、クレバーな選手として西野朗監督の信頼は厚い。豊富な運動量と状況判断の正確さ、さらにボランチからサイドバックまでこなすユーティリティーな能力。「オシムさんのサッカーなら必要とされるのは橋本だろう」とまでガンバの指揮官は言ったと専門誌の記者は教えてくれた。予想通り、2007年2月の代表合宿に橋本は初招集された。この明晰《めいせき》な橋本がどうオシムのサッカーを見ていたのか非常に興味があった。

橋本はオシムがジェフ市原（当時）の監督になった2003年にガンバのトップチー

ムでの地位を不動のものとして、初得点をそのジェフから奪っている。

周囲から称賛され始めた当時のジェフのサッカーについて、「まず動く、それでパスの出しどころが4つくらいできる、ディフェンスする方からすると出されたら危ない。でも一方で出し手としては選択肢が多すぎて、それでいい選択ができないんじゃないかと考えたこともある。プレッシャーを受けた時にコースはあるけど、テンポが遅れたりするのも垣間《かいま》見えた」という。このことからも彼は常に多角的な視点でサッカーを見ていることが分かる。

橋本はまず自らの特性である状況判断の速さをこう説明してくれた。

「僕の場合はそれが抜け道になるんです。考えることがね」

抜け道とは、彼特有の謙虚な言い回しである。小学生の頃から、必ず同世代に自分よりも技術の高い選手がいた。

中学の時は同じチームに代表候補に呼ばれるようなFWがいて、ガンバユースでは同期の稲本潤一《いなもとじゅんいち》、新井場徹《あらいばとおる》が早くからトップチームの公式戦に出場していた。

「まわりが僕よりも上手いんで、ならば彼らがしないようなことをやろうと僕は心がけたんです。彼らはオールマイティーに何でもできるんですよ。でも嫌がるようなこともあるじゃないですか。競るのが嫌だとか、スライディングが嫌だとか、シュートを打ったあとにこぼれ球に詰めるのが遅いとか。そういう、人があまりしないことを僕は抜け道のようにやって来たんです。チームにとっては僕がパスを出したりシュートをするよりも上手い選手がした方がいい。ならば彼らが出しやすいように僕が動いて相手を釣ってスペースを作ったり、とにかく2番手のような働きをずっとしてきたんです」

　これはオシムが言う、まさに「水を運ぶ選手」である。

　オシムの練習は7色のビブスを使うといった複雑なモノが多いが、10代の前半から自ら考えてサッカーをして来た橋本にとって、その意図を理解することはさほど困難ではなかった。他の選手は皆、メニューが変わるたびにその意味を橋本に訊《き》きに来た。

「ガンバでうちの西野監督も3種類のビブスを使ってやっていたというのもあって、僕は戸惑いはあんまりなかったですね。ディフェンス、中盤、フォワードで色を分けて、色の順番でパスを出さないといけないというメニューがあるんです。オシムさんの場合はビブスの数が多いだけで内容的に考えれば基本的なことがすごく多かったんですよ。パスを出して走れとか、2対1を作れとか、あれはもう小学校、中学校で言われていたような内容なんですよね」

　スポーツ新聞がやたら難解だと書きたてた練習メニューを、橋本は小学校でやっていたこと、ベース作りであることと看破していた。

　橋本はサッカー人生を長く送るためにはまずクラブありきだと考える選手だった。以前は友人にも代表には呼ばれても行きたくないと漏らしていた。それでもメニューをこなすうちに代表で得たことはチームに持ち帰るためと捉《と》え直していた。

「すごく良かったのは基本練習に戻れたということですね。オシムさんは下の土台をできるだけ広い人間に分かっといてもらいたいということだなと受け止めました。そこから一個ずつ積み上げるぞ、とね。つまり、オシム監督は日本が世界に対して戦っていくにはまだそこができていないと思ったんだなと。それぐらいのことがまずできないと、お前らはやっていけないぞというメッセージを僕は感じたんです」

「日本のサッカーはこれまで、非常に大きなステップを踏んで進化してきました。この十年、高度経済成長期と同じような、まさに『高度サッカー成長』とでもいえるような勢いで進んできたように見えます。

しかし、その三段跳びのような大股《おおまた》なステップは、本来刻むべきだった細かなステップを踏まなかった、ということを示してもいます。本来、人は走りはじめる時、スタートダッシュの時には小刻みなステップから加速していくものです。この十年ほど、日本のサッカーは、その小刻みなステップを行わずに進んでしまった、と思うのです。

日本人はみなさん、戦術やフォーメーションにすごく詳しく、4―4―2とか3―5―2といった言葉をよく好んで使います。しかし、どうやったら4―4―2や3―5―2ができるのでしょうか。また、なぜそのようなフォーメーションにするべきなのでしようか。非常に細かなことですが、日本人は4－4－2、3－5－2といったフレーズは知っていても、その裏付けや必然についてしっかり理解していないように思います。フォーメーションの話をする前にやるべきことはまだまだたくさんあります。現在のサッカーの常識になっていることを、ヨーロッパは百年かけて作りあげました。それを日本はたった十数年で身につけたかに見える。しかし、残念ながらそれらの常識は、まだ日本人の血肉となっているわけではないのです」

インド戦でゴールも決め、鮮烈なデビューを飾った中村憲剛《けんご》は新年を跨《また》いでの自分とチームの進化をこんなふうに語ってくれた。

「オシムさんのビブスの練習でまず判断スピードが上がりましたよ。普段の試合は2色しかないのに、練習では7色も8色もあるわけですからね。パパッと中盤からFWに入れる時にどっちの足に出すか、ということまで考えられるようになりました。余裕が出来てきたことでトラップの質も上がったように思いますね。必ずタッチ数に制限があるんで、ボールがない時の動きの重要性が理解できるんです」

味方が出しやすいところに走りこむ動きや体の向きの作り方が意思統一されてきた。

2007年7月25日　阿部勇樹の忸怩《じくじ》

ミックスゾーンに現れた阿部勇樹はこちらの存在を認めると憔悴《しょうすい》した顔を上げ、「そこでやりましょう」と空いたスペースを指さした。

「あのオーバーヘッドだけど……」とまずは得点シーンに触れようとすると、言葉を遮った。「いえ、それよりも……」

一息ついて続けた。「それよりも失点について聞いて下さい」と自ら提案してきた。落ち込んだ精神状態から絞り出す声はくぐもっていた。それでも敗因となったプレーについて自分から彼は切り出した。

オシムの率いる代表はアジアカップのセミファイナルでサウジアラビアに3－2で敗れた。先攻されては追いつくという展開で、2点目の同点ゴールはCKに駆け上がった阿部のアクロバチックなプレーによって決まった。高原のヘディングの折り返しに、後ろ向きのジャンピングボレーで合わせた見事な得点だった。しかし喜んだのも束《つか》の間、その4分後、ワンツーで抜け出したFWマレク・アウハウサウィが高速ドリブルで日本陣内に侵入して来た。阿部が対応に走る。ボックスの手前で追いついた。ニアをまず切った。マレクが左に振った。中澤《なかざわ》がそこにはすでにサポートに来ていた。しかし、阿部り付いていた。またもマレクに同じような形から打たれたミドルシュートのイメージがこびり付いていた。またもマレクの右足が上がった。阿部は慌てて左に重心を移動してブロックに入った。次の瞬間、マレクは己の体幹の太さを見せつけるかのように深く右に切り返す。バランスを崩された阿部はもう動けない。スピードに乗ったサウジのアタッカーはペナの中で前を向き、トウキックで勝ち越しゴールをぶち込んだ。

「首が振れていなかった。助けに来てくれた佑二《ゆうじ》さんが見えていれば……」

周囲がサウジの個人技にやられた。と結論づける中で阿部は周囲が見えていなかったことを抜かれた原因に挙げた。確かにこの時、自陣にディフェンスの枚数は足りていた。中澤の存在に気づいていれば無理にブロックに行かず、右をケアしていただろう。

結果、トルシエ、ジーコに続く日本のアジアカップ三連覇はこの段階で消滅した。阿部はすべての敗因を背負いこんだかのような悲愴《ひそう》な面持ちだった。インタビューの後半は涙ぐんでさえいた。

阿部には忸怩《じくじ》があった。ジェフ時代にサッカー選手としてのみならず人間的な成長についても大きな影響を与えてくれたのがオシムである。2003年、まだ21歳の自分をキャプテンに抜擢《ばってき》してくれた。それまでは何かあっても年上の選手についていけばいいという甘えが自分の中にいつもあった。しかしレギュラー組の最年少でありながら責任のあるポジションに付けられたことで、自分の殻を破ることができたのである。

だからこそ。オシムが自分の人生にリスクを冒して代表監督になった際には絶対にピッチの上で恩返しをしたいと思っていた。代表に呼ばれて合宿に入り、ジェフの選手と挨拶《あいさつ》に行くとオシムはあっちへ行けと手を振って阿部を追い返した。つき合いが長いのと選出したのは関係ない、お前とは距離を置くぞという優しさだと思った。それにも応《こた》えたかった。

しかし……。

阿部はアジアカップ初戦のカタール戦でも終了3分前にファウルを取られ、FKを相手FWのセバスチャン・キンタナに決められて追いつかれるというミスを犯していた。1－1のタイスコアで勝ち点3を逃した試合後、オシムはロッカールームで激怒した。

「お前たちはアマチュアだ！　俺《おれ》は命を賭けて死ぬ気で取り組んでいる。しかしお前たちはそうじゃない！」

容赦のない叱責《しっせき》は自分を指していると阿部は思った。

「僕に言っているというのが分かるんです。ミスは必ず責任の所在をしっかりする。ジェフの時も代表の時もそうでしたから。周りが落ち込むな、落ち込むなと言ったとしてもそれは違うって監督は言っていたし。実際、犯したミスの重さはしっかりと感じないといけないんです」

阿部はしっかりとミスと向き合った。その上でメディアにも応えた。アジアカップの優勝を逃したことで、おそらく監督は批判に晒《さら》されるだろう。阿部は申し訳ないという気持ちで胸が詰まった。

「一年前に私は『日本化』という言葉を使いましたが、日本人が大事にしているメンタリティーや慣習の中には、教わり学ぶ、という人と人とのよい関係を妨げる要素もあるようですね。無論、そういったものは時代を経て変わっていくものですが。一つ例を挙げれば〝曖昧《あいまい》さ〟でしょうか。私は日本人に、あまり責任や原因を明確にしないまま次に進もうとする傾向があるように思います。

私には、日本人の選手やコーチたちがよく使う言葉で嫌いなものが二つあります。『しょうがない』と『切り換え、切り換え』です。それで全部を誤魔化すことができてしまう。『しょうがない』と言う言葉は、ドイツ語にもないと思うんです。『どうにもできない』はあっても、『しょうがない』はありません。これは諦《あきら》めるべきではない何かを諦めてしまう、非常に嫌な語感だと思います」

責任感の強い阿部が自責の念に囚《とら》われたことに追い打ちをかけるように、メディアも4位という結果に終わったアジアカップの日本代表を「シュートを打とうとしない。決定力がないオシムのサッカーの限界」という論調で批判した。オシム解任論を言う者まで出始めた。

しかし、実際にプレーしていた選手たちはかつてない手ごたえを摑《つか》んでいた。

中村俊輔は「この方向性は間違っていない」と言い残してグラスゴーに向かい、前回までの二連覇の立役者・川口能活も「僕は勝利至上主義ですが、やっていてワクワクしてすごく楽しかった。目指すサッカーの確信が持てた」と断言した。

「何かの大会が終わったあとというのは、ああこれで一段落終わったなと思ってしまうんですけど、今回のアジアカップに関してはこの先がまだあるんだなというのをすごく感じたんです。チームとしての結束も固まって来たし。あれはアジア合宿でしたね」

段階を踏んでいるというのは橋本も感じていた。

「それまでは基本的な練習ばっかりやっていたんですが、アジアカップの7月になるとゲーム形式の練習がすごく増えたんです。特にゴール前の崩しの練習が多くなった。引いてくるアジアのチームに対してどうするかということに徐々に入りだしたんだなと思っていました」

ディフェンスが4人で攻撃が5人という練習が毎日繰り返された。数的不利なDFは前に取りに行けずに引いてどれだけ綺麗《きれい》に守るかを考える。対する攻撃陣はサイドに回して、2対1を作りながらそれをどうこじ開けるのかに腐心する。

橋本は予選リーグのベトナム戦、3位決定戦の韓国戦をベンチから見ながら「ああ、これあの時の練習とまったく一緒やなあ」とチームメイトと話していた。

9月下旬。私はマドリードに飛んだ。かつてオシムのチーム作りを目の当たりにしていた人物に会うためだった。

目指す相手、プレドラグ・ミヤトビッチは前シーズンからレアル・マドリードのスポーツ・ディレクターに就任し、白い巨人の再建に辣腕《らつわん》を振るっていた。来意を告げると若き日の思い出をひとくさり話した。

「オシムは若かった私が舞いあがらないように地に足をつけてくれた。いいプレーをして周囲に称賛されても『調子に乗るなよ。才能は認めるが、君には高く舞い上がるだけの翼はまだ備わっていない』と言われたものだ」

今や監督を評価、登用する立場になった男はオシムの特質についてこう言及する。

「監督とは次の戦いのために何かしら反省点を見つけなくてはいけない。オシムはその改善点を見つけて選手に伝えるのが天才的だった。もちろん、どんな監督であろうと、最終的な結果は求めるべきだ。ただ、違う気質を持った日本のサッカーと欧州サッカーを融合させないといけないわけだから、多少の時間はかかるはずだ。その上でオシムは日本に結果をもたらすだけのキャパシティを持った人物だと私は信じている」

問題提起と対策の立て方の巧みさ。段階を踏んでの強化。ミヤトビッチの回答は橋本や川口がアジアカップで感じた感覚と似ていた。

「私がユーゴ代表に呼ばれてもなかなか使ってもらえなかった時に『いつ先発させてくれるのか』よく聞いたよ。その都度『心配するな。そのうち君の季節が必ず来る。大切なのは今の調子で練習を続けること』と。最終的には数知れず代表でプレーさせてもらった」

ミヤトビッチが24歳でパルチザンからスペインに渡り、やがて欧州屈指のストライカーになったのは周知の事実。オシムはチームを作る上でまず守備のベースから積み上げ、アタッカーについては見極めを続けて最後に着手するという。

ミヤトビッチが編成するレアルは快走を続け、6年ぶりに首位でウインターブレイクを迎えた。かつてシュワーボ・オスタニを叫んだ男は迷いがあると今でも電話で教えを乞《こ》うているという。

2007年9月11日　スイス戦

ミヤトビッチが予想した通りの展開になった。アジアカップから2カ月後の三大陸トーナメントにおいて、オシムは初めて松井大輔を招集する。私が2006年の夏にサラエボフットボールプロジェクト主催のトークショーで同席した際、オシムが「現在の海外組の中で欧州スタンダードは松井だけ」と発言したのを聞いていた。ドイツW杯にジーコに呼ばれなかった男に対して以前から最も高い評価を下していた。

融合させるタイミングはここだと考えたのだろう。初戦のオーストリア戦68分から松井はピッチに送り込まれた。ドリブルで仕掛けるスタイルはそれまでの代表になかったものとして、すぐにピッチ上に変化が見られた。

以前の日本は縦は使えていても横幅が窮屈だった。松井が入ったことによって、よりワイドにピッチが使えるようになった。

3日置いたスイス戦で松井は先発に起用される。この試合は前半にセットプレーで2点先攻されたが、日本は最終的に逆転に成功し、4－3で勝利を収める。

川口は最後尾から、松井が入ったことでより支配地域が広がったことを感じていた。

「だから後ろから見ていてボールを取られる気がしなかったです」

その広い支配エリアに彼は正確なフィードを入れ続けた。日本の高いポゼッション率は川口がしっかりと起点になることで成立していた。目立たない貢献でも見る者が見ればしっかりと分かる。試合後には巻が「能活さんの後ろからのビルドアップ、かなり効いていましたよ」と声をかけてきた。

3失点（うちPKが1点）はしたが、川口は内容的に自分が目指すサッカーに近づいて来た確信を持った。スイスが後半バテて足が止まったのは紛れもなくこの日、川口が通した15本のパスに揺さぶられたものであった。

「選手の動き出しが本当に速くて、パスを出すところが、たくさんあったんです。パスコースがものすごくあって自分としてもフィードがしやすかった。僕が出したいというところに必ず選手がいてくれたんです」

かつては中田英寿だけだと思っていた動き出しの速さが、すべての選手に意識づけされている。だから川口はキャッチすると瞬時に稲本に、中澤に、加地《かじ》に、闘莉王《トゥーリオ》に自在に繋げた。そして巻のように逆転勝利に浸りながらもしっかりとそのプレーを見てくれているFWもいる。今まで川口が感じたことのない感覚だった。

同時に自分のメンタルも変わったことに気がついていた。

「それまでは自分が主導だったんです。自分主導で『何で動かないんだ』と怒鳴っていたんですが、オシムさんがフィードの大切さを強調することで、僕自身も相手が受けるのはどういうボールがいいのかということを考えるようになった。なるべく味方が前を向ける状況に出そうという意識に変わっていったんです」

フィードだけではなかった。これまで劣勢になると川口は「下を向くな」と活を入れて来た。

「でももう自分がそういうことをする必要がなくなって来たんですよ。チームが同じ方向を向きだしたんです。僕はほとんどキャプテンらしいことをしなかったんじゃないかと思うくらい」

かつての日本代表なら欧州のアウェイで2点先に取られたら、そのまま崩れてしまっていただろう。それを持ち直したのはハーフタイムのオシムの檄《げき》だった。

川口はロッカーで「落ち着いていこう。取り返せるから落ち着いていこう」と声をかけていた。入って来たオシムはその逆をやった。

「この試合をこのまま終わっていいのか？　何も得ずに日本に帰ることになるぞ！」

むしろ発奮させたのだった。

もちろん、言葉だけではない。トレーニングにおいてオシムはいつも危機的状況に陥らせるようなメニューを組んでいた。選手のパススピードを読みながら、突然ボールのタッチ数を減らしたり、攻守の役割を反転させたりした。

この頃になると橋本のみならず多くの選手から、「試合を重ねるごとに、ああ、あの時の練習と同じ局面だ。意味が分かった」という声が聞こえてきた。

２００７年最後の代表戦となった10月17日のエジプト戦は４－１で圧勝。

試合後の会見ではこうコメントした。

「外から見ているだけでは気付かないだろうが、我々は少しずつ進歩している。どこまで実現できたかということは、どれだけ道のりがあるかということだ。私はそれほど賢くもないし、預言者でもない。道のりが遠過ぎて絶望するかもしれない。ただ、いくらかは進歩しているとは言えるだろう」

ややや、満足という表情が読み取れた。アジアカップ以降はそれまで不動だったFWにも矢野《やの》貴章《きしよう》と田中達也、大久保嘉人《よしと》、前田遼一《りよういち》を次々と先発起用して組み合わせを試し始めた。

エジプト戦について川口は言った。

「僕も長いこと代表をやらせて頂いていますが、日本はああいう（エジプトのような大きくて強い）タイプに弱かったです。ああいうタイプの裏を突いてゴールを量産したというゲームはこれまでなかった。やっぱり選ばれていない選手も代表の試合をテレビで見ることで自分もやりたいと思うんですよね。Jの選手はあのサッカーに憧《あこが》れていましたよ。その結果が嘉人が2点、遼一が1点。これまで呼ばれていなかった選手ですが、使ってもらった喜びに満ちていたと思うんです」

A代表のサッカーがその国のひな型になる。

川口はこの試合で20本のフィードを繋いでいる。

ワールドカップ予選まであと、4カ月を切っていた。

「パパ、いったい何ていうことをしてくれたの！」

代表戦が終わり、12月にはこの年最後の代表合宿が予定されていた。11月に入るとオシムは精力的にJリーグの視察を続けていた。

ジェフの時代から、日本にいる限り、日本サッカーに貢献するという使命を自らに課していた。そのためには絶えず自分が世界のサッカーに目配りをしていく必要があると考えていた。

その日は、少し寒気がすると言っていた。それでも夜半にはバーミンガム対アストン・ヴィラの試合がある。

オシムは寝室のテレビを観るために階上に上がっていった。

オシム倒れるの一報は瞬く間に欧州を駆け巡った。

セルビアでは臨時速報が流された。イタリアでは一般紙で報道されたという。

故郷サラエボでは、コメントを挟まないはずのストレートニュースの番組で異例のことが起こった。原稿を読み上げたアナウンサーが最後に、「これは私見だが」と前置きして、「これまで数多くの修羅場をくぐり抜けて来たシュワーボのこと。病いとの戦いも必ずや勝利してくれるものと私は信じている」と力強く自らの祈りを発信したのである。「私見」に対する抗議電話は一件もなかったと聞く。

私はその時、中村俊輔の取材のためにグラスゴーに来ていた。インタビューを翌日に控えた夜半、担当編集者に電話で叩き起こされたのである。この時の心境は今思い出しても筆舌に尽くしがたい。情報が何もなく、それでいて生命にも関わるようなニュアンスでＪＦＡ（日本サッカー協会）からの発表だけがなされたのである。気がつけば悪い妄想が脳裏を駆け巡っている。

結果的に私にとってオシムが倒れて最初の取材相手が中村俊輔ということになった。

彼がマリノスでプロになってから経験した監督はすべて外国人であった。スペイン、アルゼンチン、ブラジルとその国籍も多彩で、謂《い》わば日本にいた18歳の時から筋金入りの世界の監督ウオッチャーである。スコットランドリーグＭＶＰはどんなエッセンスを感じていたのか。俊輔にしても代表がこの先どうなるのか分からぬ状態で、話しづらい部分が多々ある中、オシムのサッカーについて真摯《しんし》に語ってくれた。

「ブラジルの監督はブラジルのサッカー、アルゼンチンのサッカーはアルゼンチンのサッカー。だけどオシムがボスニアのサッカーなのかというとそうではない。研究して先々のことを考えている。言うならば未来のサッカーをしている。国っていうよりも彼独自のサッカーですね」

この時、彼はコンフェデレーションズカップで戦ったメキシコのサッカーが日本のスタイルには向いているのではないかという発言をしている。

「身体の大きさもほぼ同じだし、スピードもそこまであるわけじゃないけど、すごくボールをまわしてた。あのサッカーがいいんじゃないかと思っていたんです。その方向に日本も行きかけているか？　そう思います」

4位に終わったアジアカップについては「あの順位だったけど、ほとんどウチのサッカーでやれていたから。これからはそれプラスっていうのはみんな感じていました。選手選出についてはサッカーを知っている選手を選んでいましたね。（鈴木）啓太《けいた》とかね。『今、攻撃』とか『ここはカバーだ』とかの察知能力がある。加地（亮《あきら》）とかコマ（駒野友一《のゆういち》）とかヨーロッパのSBと比べたら多少インパクトが弱いかもしれないですけど、それも日本人らしさを監督は大事にしてたからずっと使った。何往復も走れる。あとはさっき言ったようにブレがないでしょ。サッカーを知っている選手を見ていたと思う」

オシム監督に具体的に何か言われたことは？　と聞くと、

「ヘイ、セルティックボーイ！　とか(笑)。俺のこと、少年だと思ってるなって(笑)」

と笑った。

「どんな監督のもとでも、たとえ自分を使わない監督からでも絶対に吸収できることはあると思うんです」と言い切る俊輔からは、誰が後任監督になっても前向きな姿勢を崩さない強さが感じられた。

同じ頃、オシムの家族は異国の地で経験したことのない事態に直面していた。

ベオグラードのスポーツ記者ドラグティン・ブージッチは、アシマ夫人に病状を問い合わせる電話をすると、こう言われたという。

「たいへんだけれど、倒れたのが医療技術の発達した日本であったことが不幸中の幸いでした。病院の方々は本当によくやって下さっています。皆さんが心配をしてくれる気持ちはとても嬉しいけれど、携帯電話が鳴りっぱなしで休む時間も取れないのです。申し訳ないけれど、こちらから報告するまでは控えてくれませんか」

フランス、ドイツ、オーストリア、そして旧ユーゴ諸国。あらゆる国の要人やメディアから見舞いや問い合わせの電話が、時差もお構いなしに彼女の元に殺到したのである。だからと言って、携帯電話の電源をオフにすることはできない。治療に関する重要な緊急連絡が入る可能性があるのだ。間断なくかかってくる電話の対応に追われて、家族は極度の緊張と疲労の極みにいた。

帰国したその足で私は成田から入院先に向かった。気丈に振る舞うアシマと話しているうちに、彼女が私のスーツケースの異変に気がついた。ロックとキャリーの部分が壊れていたのである。これはどうしたのか、と聞かれた。

「航空会社が手荒に扱ったようです。手荷物コンベアーからこんな状態で出てきました」

「そうですか」とうなずいて、アシマは思い出しながら続けた。

「シュワーボも前回来日した時に同じように荷物が壊れて出てきたのです。私は航空会社のカウンターに行って報告をしようとしました。でも彼は止めるのです。『行かなくていい。別にわざと壊したわけじゃないだろう。物は壊れるものだ』。そう言ってスタスタと歩いて出ていくのです」

話しながら少し笑った。オシムらしい、と思った。物に執着がない。起きてしまったことはそのまま受け入れて次に進むのだ。

アシマの携帯が鳴った。ピクシーだった。病院への道筋を彼女は説明し出した。

グランパスとの監督契約のために来日していたストイコビッチは翌日、スタッフも付けずにたったひとりで新幹線に飛び乗り名古屋から見舞いに訪れた。3時間、とうとうと家族と話しこんだ。次の日の監督就任会見で、妖精はグランパス再建の抱負を熱く語ったが、最後に問わず語りに語って締めくくった。

「私だけでなく、日本のすべての方が望んでいらっしゃることだと思います。オシム監督が早く回復してくださることを」

オシムは夢を見ていた。

まどろみから覚めるとアシマの顔があった。

「クラーゲンフルトか？」

彼は夢の中で日本代表のスーツを着て移動していた。大陸別トーナメントでスイスと戦うという意識が錯綜《さくそう》していたようだ。敵地クラーゲンフルトに着いたのか。

意識が正確に戻ったとき、すべての家族がいた。長男のアマル、サラエボ包囲戦で生き別れた妻アシマと娘イルマ、そしてギリシアとオーストリアで2人で暮らした次男セリミル。

アシマは夫の意識が回復したら、何を言おうかずっと考えていた。しかし、待ちわびたその瞬間が訪れた時、再び言葉をなくしていた。

娘のイルマが口を開いた。彼女はオシム家の中で最もオシムに似た性格の持ち主である。嬉しい気持ちをユーモアのオブラートに包んで涙声で言った。

「パパ、いったい何ていうことをしてくれたの！」

サッカーの神様は確かに存在した。

年が明け、リハビリテーションが始まった。

アシマが、意識が戻ってからのことを話してくれた。

「最初、夫は自分がどういう状態にあるのか分からなかったようです。ここは家ではない。そしてなぜ病院にいるのか。先生がCTのデータを見せて説明して下さいました」

病状についての説明をひと通り聞くと、オシムは言った。

「先生、では私は一度天国に行ったんですね」

アシマは毎日、オシムが眠ってからも不自由な腕をさすっていた。

欧州から殺到していた見舞いの電話は、連絡を取る幹事が自発的に立ったことで収まっていった。

ひとりに病状を話せば、そこからまた数十人に報告がなされ、次の段階で200人ほどに渡り、各国、各民族の友人やメディアに行き届くというシステムができ上がっていた。サラエボ包囲戦の頃、ハム無線で安否を知らせ合った時のような多民族ネットワークが、オシムの下から再び構築されていたのである。

私が2月中旬にコソボの独立を取材に行く旨を話した。

するとオシムはファデリ・ヴォークリーについて話し出した。ヴォークリーは1980年代に活躍したコソボ出身のアルバニア人で、同民族籍で初めてユーゴ代表になった選手である。

「1987年にパルチザンにいた彼を代表に呼んだのは私だよ」

遠い思い出を語りだした。

「ユーロ88の予選、北アイルランド戦だった。場所はサラエボのグルバビッツァ。周囲は結構、冷やかに見ていたが、アルバニア人がチームにいて何の問題があるのか、いいじゃないかと私は押し切って呼んだ。そうしたら3−0で勝った。奴はそのうちの2点を叩き出してくれた」

自宅に戻り、資料をあたった。仕事場には1920年から2003年までのユーゴ代表全試合を網羅したデータがある。

会話は問題なくできる。母国語のみならず、フランス語、ドイツ語、英語のスキルも倒れる前と変わらない。

ページを探し当てた。

1987年10月14日。ユーゴスラビア対北アイルランド。スタジアム＝グルバビッツァ。審判ペスフェル（東ドイツ）。得点13分ヴォークリー、35分ヴォークリー、74分ハジベキッチ。

完璧だった。サッカー監督としての記憶は21年前の試合を見事に手繰り寄せていた。

2008年2月17日。コソボはセルビアからの独立を宣言した。ヴォークリーは新生コソボサッカー協会の会長に就任していた。

「我が代表はさすがに2010年には間に合わないが、2012年の欧州選手権の予選には出場できるだろう」

メディアにこのように意欲を語っていたヴォークリーは、オシムが倒れたことを現在自宅があるフランスの新聞で知った。

「信じられなくて何度も読み返したほどだ。グルバビッツァでの2ゴールは今でもよく覚えている」

ヴォークリーを加えたこの試合前、オシムは多民族集団のモチベーションを上げる印象的なひと言を発している。それは「じゃあ、みんな。持っている才能をぶちまけろ。それだけだ」だった。細かい戦術指示も一切なし。それが逆にチームをひとつにさせた。

ヴォークリーは続ける。

「彼の下に呼ばれた時点で、民族籍という障害は取り払われていることを意味する。これは今でも世界のあらゆる多民族国家が守らなければならない金字塔だ。現在のコソボについてもこれは言える。残念ながら、アルバニア人のみが、コソボ代表に関心を示しているのが現状だが。私も旧ユーゴ代表に呼ばれた最初で最後のコソボ出身のアルバニア人になってしまった」

オシムほど現代史に深く関わらざるをえなかった監督はいないのではないかと改めて思う。

彼から学んだことは何ですかと聞く。

「素晴らしい戦略眼、そしてフェアーに振る舞う態度にも私はうたれた。彼は完璧主義者でありながら、組織が失敗した時の責任を他人になすりつけたりしなかった。あくまでも選手が失敗から学び、それを繰り返さずに更に成長することを求めたんだよ」

まずはFIFAに加盟し、これからコソボのサッカーを築き上げようとする会長はこんなメッセージをくれた。

「オシムはあくまでもプロとしての働きを私たちに求めた。しかも、その監督が旧ユーゴサッカー史上最高の監督だから、求められたレベルは非常に高かった。一日も早く回復して欲しい。ピッチに彼の姿を見ることを望んでいるのは日本のみならず、私を含めた旧ユーゴサッカーの人間、そしてサポーターたちも同じです。シュワーボがピッチから姿を消すのはまだ早い」

オシムの再起を念じていたアルバニア人選手はヴォークリーだけではなかった。

ジェワード・プレカジ。彼は1957年にコソボ州のトレプチャで生まれ、パルチザン、ハイデュク・スピリトでキャリアを積み、やがてトルコで伝説になった男である。87・88シーズンにガラタサライのFWとしてチームを牽引《けんいん》し、当時レベルの低かったトルコのチームをチャンピオンズカップの準決勝まで押し上げたのである。

感激した当時のトゥルグット・オザール首相が異例の二重国籍を認め、プレカジはトルコ国籍を取得した。イスタンブールには彼の名前のついた道路が作られてもいる。

プレカジはジェレズニチャルの時からオシムのサッカーが大好きだった。

「例えるならサッカーの宝石箱。オシムがもしも西ヨーロッパで生まれていたら、もっと高い評価を得ていただろう。モウリーニョを見る度に思うよ。あんなつまらないものがなぜ、受け入れられるのかとね。トルコからの情報だとフェネルバフチェの先発メンバーは全部、クラブの会長が決めているそうだ。オシムなら絶対にそんなことはしない」

プレカジは直接に指導を受けたことが一度もない。しかし心酔していた彼はオシムのために一肌脱いだことがある。

1992年、オシムがパルチザンの監督時代にスポーツ制裁でホームでの国際試合ができなかった際、イスタンブールでの開催に尽力をしたのである。レアル・ソシエダとのUEFAカップの試合で、PK戦にもつれ込み、結局負けてしまったが。ちなみに外したのはミヤトビッチだった。プレカジはオシムに会うのに緊張していた。ネクタイ収集が趣味だというのを聞いて、すぐさま空港の免税店のオーナーに頼みこんだ。オーナーはガラのサポーターだったのだ。英雄プレカジの依頼を断るはずがなく、格安の値段でネクタイをオシムに販売した。

「サッカーのために24時間を生きろ、と言われたものだ」

最後に、「オシムに会ったら、快癒を心から願っていると伝えてくれ。現役時代も監督になってからも彼のサッカーを尊敬していた」

プライオリティーをプレーの質に置き、「素晴らしければコソボのアルバニア人で11人集める」と言ったオシムの言葉は今でも、いや今でこそ、ずっと生きている。

私はプレカジのビデオメッセージを見せに再び見舞いに訪れた。オシムはこちらを見ると「コソボボーイ」と言った。

俺のこと、少年と思っているな。

「もっと走れ、もっと速く」

年末、望外なその男の訪問にオシムは喜んだ。ベッドから身を起こし、時を忘れて話し込んだ。

堪能《たんのう》なドイツ語を操《あやつ》る男はコミュニケーションに何の問題もなかった。オシムは熱っぽく語った。

「君を呼ばなかったのは決して評価をしていなかったからではない。それは理解してくれていると思う。いつの日か現役を退いて指導者を目指すのならば、ぜひジェフに来て欲しい。アマルとともにコーチにあたって欲しい」

この段階ではまだアマルの解任をオシムは知らされていなかった。

「君はサッカーへの造詣《ぞうけい》が深い。素晴らしいチームを作ることができると思う。君の体験を伝えて欲しい」

オシムは常々、サッカーの育成を頼むには何よりも人間性が重要だと考えていた。そしてその男＝宮本恒靖《つねやす》の落ち着いた振る舞い、リーダーシップを認めていた。宮本もまたオシムを尊敬していた。ドイツW杯以降、宮本の名前は日本代表メンバー表から消えたままだった。試合に出てナンボのサッカー選手である。通常、自分を一度も招集しない監督については無関心、もしくは不貞《ふて》たような態度をとりがちなものだが、リーグが中断して帰国した際にしっかりと見舞いに訪れるのが宮本の度量の大きさであろう。

宮本とオシムが初めてゆっくりと会話を交わしたのは、２００５年10月のオールスターの時だった。

「あなたの試合後のコメントなどにすごく興味があります」という宮本にオシムは、「ガンバの、今、君たちがやっているようなサッカーにはすごく価値がある。だから、ぜひとも優勝してくれ」と返した。

Jで戦っている相手の監督が「いいサッカーだから、優勝してくれ」という。宮本にとって少なからずそれは新鮮なショックだった。

この時の訪問を宮本はザルツブルクでこう話す。

「代表に関わっていきたいという気持ちはもちろんあったんですが、残念ながらオシムさんとは一度も一緒にできなかった。でもオーストリアのサッカーについて語りあったり、素直にそれはすごく良い時間を過ごせたと思います。まあ、最初は見舞いに行くことになって何を話せばええんやろうかっていう思いもあったんですが、病院に入ると難しいことを考えずに、普段の生活の話とか、自分が今オーストリアサッカーを経験して、どんなことを感じているか、とかそんなことでいいんじゃないかと思ったんです。選手と監督というより、対人間としてお互い興味があったんじゃないかと思うんです」

日本代表において、10代の頃から全カテゴリーでキャプテンを務めてきた宮本はオシムサッカーをどう見ていたのだろうか。

「実際オシム監督になってからの代表の試合をすべて見たわけではないので難しいんですが、確かにオーストリアやスイスとの試合を見ると本当にボールポゼッションにこだわっている部分は感じられますよ。思うにあの中からもっとスピードアップしていく瞬間を見つけたかったんだなというふうには想像できる。こっちでいろんなサッカーを見ている中で感じることがあります。正確なボール回しやウイングから崩しにいく段階でスピードっていう要素が絶対に重要なんです。それはこれから追求していくんじゃないかと思いますけどね。スイス戦については相手の高いパフォーマンスが高いままで一試合を通して見たかったですね」

宮本は日本サッカーの発展過程の上で、ひとつのエポックを作ったリーダーである。

2002年日韓W杯の際に、トルシエのフラット3を宮本たちDFが選手の自発的な行為で応用したというのは知られた話である。

「宿舎でお風呂に入っている時に自然にみんなが集まって来て、フラットスリーどうなんやろう、もう少しラインを下げてもいいんちゃうって話になったんです。俺もそう思うということで……。監督の戦術があってそれを選手はやらなくてはいけない。でもそれにとらわれ過ぎてやられたらまったく意味がない。みんなの気持ちが自然とひとつになって」

続くロシア戦、上げろ！　と怒鳴り続けるトルシエをOK！　OK！　といなしながら、臨機応変にラインを低く敷いた。日本のW杯初勝利が決まった。

「自分たちが監督の指示を待たないでやっていかなきゃいけない。日本のサッカー界がそういうステップを踏んで行く段階でのプロセスには間違いなかったと思います」

W杯の本番でフラット3の応用編を仕切った宮本は、日本サッカーの流れを体系的に捉えていた。彼は日韓大会決勝トーナメントで敗れたトルコ戦をひとつの限界として冷静に見ていた。

「前半に失点して0－1になった。あの後、80分くらいの間、トルコに上手く引かれて何もできなかったんですよ。ペナの中に入ることができなかった」

12分にCKをユミト・ダバラに決められた。トルコは先制するとボランチをトゥガイ、ユミト・ダバラ、エルグンと3枚並べて引き籠った。私はトルコの監督セノール・ギュネスから、この試合の策を「抑制だった」と後に聞いた。「日本以上のプレーをするな。常に日本がうちのサイドに来るようにプレーしろ」という指示を彼は出していた。

「トルシエのサッカーは基本的にリアクションサッカーで、高い位置でボールを奪って速く攻める。逆に引かれた相手をどう崩していくかという時に何もできないままに終わってしまった。このままでは、こういうやり方では、さらに上には進めないな、と思っていました」

欧州や南米のチームに引かれた時にどう崩すのか。それこそオシムが逆算で作っていたチームの最終テーマとシンクロする。宮本がもしも招集されていたらどうだったであろうと考えた。

問題意識を生身で共有した男が傍にいれば監督とメディア、あるいは監督と選手の間に入り、オシムの意図、そして日本サッカーが進むべき方向を自分の言葉で積極的に語ってくれていたのではないか。自分の頭で考えておかしいと思えば遠慮なく具申したであろう。それはオシムも望むところだ。

アシマは回顧する。

「サラエボで孤立した時、これが人生で一番たいへんな試練だと思っていました。でもあの時は偶然、サラエボにいた家族4人のうち2人がギリシアにいたのです。4人が取り残されるよりはましでした。今思えば少なくとも私にとっては夫と次男は生きているという安心感がありました。今回はイヴァンが生死をさまよった。立場が逆になってしまいましたね」

アシマは日本のサポーターたちがオシムのために何万羽と鶴を折り、スタジアムにボスニア語のデコレーションをこしらえてくれることに心から感謝している。しかし、同時にそれがまたもどかしいとも言う。

「横浜や清水に観戦に行ったら、大きな励ましをもらいました。母国語で書かれたフラッグも目に飛び込んで来ました。涙が出ました。シュワーボも私もすごく感謝しています。でも私たちは今、感謝の気持ちを伝えきれないのです。病院の方々、サポーター、世界中の友人たち、すべての方々に伝えきれない。だから……いつか元気になって、また再び日本のサッカーを助けること、育てることを望んでいます」

サッカーには停滞がない。

「この仕事にプロフェッショナルとして真摯《しんし》に取り組むのならば、24時間自分のすべてを捧げる覚悟が必要である」

それこそが、オシムが命を賭けて伝えたかったことではないか。

40度のベトナムはただメモを取っているだけでもノートに汗がしたたり落ちた。そんなところで不整脈を抱えた66歳の男が休日を一日も取らずに指導していた。カタール戦の直後に、「俺は命をかけて戦っている」と言ったのは、決して大げさなハッタリではなかった。心の底から思わず漏れ出た激情であろう。

指導者が残す最も大きなもの、それは明文化された制度やノウハウではない。意志である。意志は人にこそ蓄積される。

グランパスの監督として快進撃を続けるストイコビッチは毎日のようにオシムに電話をかけてくる。

マケドニア、スペイン、セルビア、ボスニア、スコットランド、コソボ……連綿と続くオシムの意志の継続を国内外の至るところで見た。

阿部勇樹は責任感を最も強く学んだという。プレーの責任、メディアに応える責任。彼はサウジ戦の失点のシーンを何回も何回もビデオで見返している。リハビリセンターに子供を連れてオシムを見舞った時は久しぶりの再会に緊張して汗が出まくった。オシムの一声は「(トヨタカップで対戦した)ミランはどうだった?」だった。

川口能活は最近の低調な自分のパフォーマンスに腹を立てていた。「こんな時だからこそ、オシムさんに叱って欲しい」と言った。

南アフリカでオシムの率いる日本代表を見ることはもうできない。しかし、ジェフの時代も含めた5年間、彼が日本に伝えたものは、もっと先になってから見えてくるのではないか。そんな気がしている。

3月25日オシムは退院した。病院を出るにあたり、日本のファンに向けて発表された「オシムの言葉」は以下のとおりである。

「このほど入院治療から〝解放〟されるにあたり、これまでご支援、激励を寄せて下さった日本全国および世界各地のサポーター、日本サッカー協会をはじめとするすべての皆様にあらためてお礼申し上げます。

とりわけわたくしの生命を救って下さった順天堂浦安病院、帰宅できるまでに回復を助けて下さった初台リハビリテーション病院の医師、看護士、スタッフの方々にはわたくし個人と家族一同より心から感謝いたします。プロとして適切な処置・治療をして下さり、わたくしのような重症の場合でも、助言に耳を傾け、規則正しく規律ある努力を続ければ社会復帰できるということを身をもって証明しました（といっても、集中治療やリハビリを受けるような病気になるようにお勧めするわけではありません）。

私個人はこれからもリハビリトレーニングを続けてまいりますので、今後ともご支援をお願いします。

ＦＩＦＡワールドカップ２０１０年大会の予選、北京オリンピックでの健闘と幸運を祈ります。日本サッカーの進歩は常に私の関心事ですから。応援しています。

また、みなさまには次のようにお願いします。

スタジアムに足を運び、選手たちに大いにプレッシャーをかけて下さい。もっと走れ、もっとプレースピードを速くしろと。そして選手たちが良いプレーをした時には大きな拍手を与えて下さるように」

あとがき

イビツァ・オシムが日本に来ると聞いた時の興奮は今でも忘れられない。

この7年間、旧ユーゴスラビアのサッカーシーンを取材しながら、いつかはオーストリアへ話を聞きに行きたいと願っていた最後の名将。90年代を生きたユーゴ人として祖国の終焉《しゅうえん》に立ち会ったというだけではなく、代表監督であるがゆえに、彼はその崩壊過程を全身で受け止めざるをえなかった。その意味では、最も激烈にあの戦争の影響を受けた悲劇の名将とも言える。

しかし、初めてのインタビューで私が「カリスマ」という単語を用いると、「そんな言葉、勝手に人が呼んでいるだけだ」とにべもなかった。過去の名声よりも今、このジェフで成し遂げることの方が百倍も大事だと、61歳の横顔は生気に満ちていた。キャリアや肩書きを得意げに語る監督が多い中、謙虚というよりも本当に他人の評価や、メディアの賞賛に興味がない、反俗的な本質追求の人だと思った。

本書刊行に向けてのロングインタビューを始める際には、「これに答えることは私にとって、大きなリスクを冒すことになります」と言われた。改めて心して仕事をしようと、背筋が伸びた。

なお、Jリーグ登録名ではイビチャになっているが、本書では原音に近いイビツァにしている。

ボスニア和平デイトン合意10周年の今年（２００５年）、それも調印があった12月にイビツァ・オシムの本を出せることを光栄に思う。筆者としては『誇り』『悪者見参』に続くユーゴサッカー三部作の完結である。

ベオグラードやサラエボでは誰《だれ》もが「オシムのことなら」と喜んで取材に応じてくれた。ストイコビッチはズベズダの会長職で多忙な中で、長文のＦＡＸを送ってくれた。

最初に出版に際しての快諾をいただいた祖母井秀隆ＧＭにはアシマ夫人のドイツ語通訳まで買って出ていただいた。そしてＰ３２０にあげた取材協力者の皆さんには心から謝辞を申し上げたい。

最後に担当編集の高田功氏。90年、イタリアＷ杯でのユーゴの輝きを現場で見ていた氏は、本書刊行に向けて最高の情熱で私を後押ししてくれた。

夢は、いつか悲しいオシム離日の日が近づいたら、日本のファンとともに「シュワーボ、オスタニ（ドイツ野郎、残れ）」の大合唱で翻意させることである。

オシムのサッカーを見るたびに、「お前は悔いなく人生を走っているか？　今のままでいいのか?」。そんな風に励まされた気がする。

そのことへの心からの感謝を込めて。(以上、単行本収録のあとがき)

本書が出たのが、2005年12月。そこからあまりに多くのことがあり過ぎた。カネでは動かない男であり、ユーゴ崩壊以降、国家代表監督には絶対にならないと言われていた男が2006年に日本代表監督を決意したのは、ひとえに日本に対する愛情に拠るものである。就任以降、あらん限りの情熱で代表チームを指導するが、翌年11月に急性脳梗塞によって倒れてしまう。代表監督時代の通算成績は12勝5分3敗。追加章に書き残したいことは山ほどあったが、この結果の内側でオシムが何を成し遂げようとし、選手たちはそれをどう受け止め、感じていたのかを中心に据えることにした。

川口能活は言う。「監督は先発を発表するときに出せない選手に必ず謝るんです。本当は全部出したいんだ、と。すごく僕たちを大切に考えてくれる。何より選手を見るときに、すごくいい表情をされるんです」そう。その笑顔をまた見てみたい。

追加章取材では高田功氏に再びお世話になり、文庫化では中山哲史氏の手をわずらわせた。そして本書に記した「シュワーボ・オスタニ」という文言でオシムの快気祈願を叫んでくれたサポーターのみなさんにも感謝を伝えたい。ありがとうございました。

2008年4月

木村元彦

イビツァ・オシム Ivica Osim

1941年5月6日、現ボスニア・ヘルツェゴビナ、サラエボ生まれ。

サラエボのジェレズニチャル、フランスリーグのストラスブールなどでFW、MFとして活躍。

旧ユーゴ代表で66年欧州選手権出場。引退後、指導者となり、86年よりユーゴ代表監督。

90年W杯イタリア大会で、ストイコビッチなどを擁しベスト8入り。

その後、祖国の分裂に伴い代表監督を辞任。

ギリシアのパナシナイコス、オーストリアのシュトルム・グラーツ監督を経て、
03年よりJリーグ、ジェフユナイテッド市原・千葉監督に就任。

05年にはチームをナビスコ杯優勝に導く。06年7月、日本代表監督に就任。

07年11月、脳梗塞で入院するまで、代表監督として日本のサッカー確立のために尽力。


孫のダミール君と一緒に、自宅前にて。© Shintaro Suda

〈取材協力〉
イビツァ・オシム／アシマ・オシム／アマル・オシム／ドラガン・ストイコビッチ／ローター・マテウス／ボラ・ミルティノビッチ／ドラガン・ジャイッチ／ズデンコ・ベルデニック／イビツァ・ヴァスティッチ／アンドレイ・パナディッチ／ヨシップ・カタリンスキー／ヴラディミール・コバチェビッチ／チェルギ・ファティマ／トミスラフ・イブコビッチ／ラディサブ・クボズデノビッチ／エミール・クストリッツァ／ミリヤン・ミラニッチ／トミスラフ・イブコビッチ／スロボダン・ドゥバイッチ／プレドラグ・ミヤトビッチ／スレチコ・カタネッチ／ドラグディン・ブージッチ／ファデリ・ヴォークリー／ジェワード・プレカジ
辰己直祐／阿部勇樹／牛木素吉郎／祖母井秀隆／唐沢晃一／糀正勝／近藤栄一／斉藤厚／坂本將貴／佐藤勇人／志賀健太郎／スプランガー紀子／富永正明／前原みどり／間瀬秀一／羽生直剛／川口能活／中村憲剛／中村俊輔／橋本英郎／宮本恒靖

〈参考文献〉
ボスニア・ヘルツェゴビナ史　ロバート・J・ドーニャ、ジョン・V・A・ファイン　恒文社
サラエボ旅行案内　柴宣弘監修　三修社
Das Spiel des Lebens　Ivica Osim, Gerald Enzinger, Tom Hofer　Deuticke
600 Utakmica Reprezentacija Jugoslavije 1920-2003.
ユーゴスラビア史〈ケンブリッジ版〉　恒文社
サラエボの鐘　イヴォ・アンドリッチ　田中一生、山崎洋訳　恒文社

サッカーマガジン／サッカーダイジェスト／VS.／スポルティーバ／Samo Partizan／Dani

本文デザイン　妹尾浩也
編集協力　㈱カンテーラ
写真　六川則夫（p205、p269）　須田慎太郎（p129、p187、p239、p319）
写真提供　ジェフユナイテッド市原・千葉（p11）

解説――人生の切実なものに触れる書物

岡崎満義（「ナンバー」初代編集長）

木村元彦『オシムの言葉――フィールドの向こうに人生が見える』は、二〇〇五年度第十六回ミズノスポーツライター賞の最優秀作品である。選考委員の一人である作家の村上龍さんは「最優秀の上に〝超〟をつけたいくらいの傑作ノンフィクションだ」と絶讃、私も同感だった。サッカーの世界に、イビツァ・オシムという凄《すご》い男がいる、その男が今、日本にいて、ジェフ千葉の監督として若い選手たちをきびしく指導している、という大きな驚きがまず最初にあった。

私はサッカーはまったくの素人である。Jリーグが誕生してから、テレビで試合を見る程度の、決して熱くないファンである。だから、これまでの日本代表の監督をつとめた、オフト、トルシエ、最近のジーコにも、とりたてて不満はなかった。それぞれにサッカー哲学が垣間見えたし、異文化を若者たちにぶつけてくれたことに、成績はともかく、私はある満足感をもって見ていた。多分、それは素人ゆえに、技術的な側面がよく見えないからであろう。甘い見方だと言われるだろう。けれども、日本のプロサッカーの歴史はほんの十年余り、W杯で大暴れするにはまだまだ経験、歴史が足りない、と思っていた。今は明治期の日本人のように、新〝和魂洋才〟で身を立てるべく、大いに苦しむべき時期だ、性急に結果を求めるべきではない、と思っていた。

そんな時、『オシムの言葉』を読んで、私は目からウロコが落ちるような思いだった。イビツァ・オシムという凄い監督がいる、とはかねがね耳にしていたが、どんなに凄いのかは、分かっていなかった。『オシムの言葉』を読んで、凄さの中身が分かった、という以上に、そのサッカー人生にうたれた。素人サッカーファンの私にも、なぜか他人《ひと》事《ごと》ではない、と思わせる切実なものが、この本の中にはあった。

オシムという凄い男の底の底まで理解したい、という情熱に裏打ちされた、木村元彦さんのジャーナリスト魂と、「5つの民族、4つの言語、3つの宗教、ふたつの文字、を内包するモザイク国家ユーゴ」でサッカー選手として育ち、一九八九年のベルリンの壁崩壊につづくユーゴ共和国での民族主義の高揚、やがて残酷な内戦勃発《ぼっぱつ》、家族離散……などに遭遇しながら、ユーゴ代表監督やギリシャのクラブ監督をつとめたオシムのサッカー魂が、みごとに触れあい、火花を散らす取材の結実が『オシムの言葉』であった。「平和日本」とは対極にある分裂・分断世界を、サッカーを捨てることなくサッカーとともに生き抜いたオシムの存在感、泡立つような臨場感が、この本には溢《あふ》れている。「歴史的にあの地域の人間はアイデアを持ち合わせていないと生きていけない。目の前の困難にどう対処するのか、どう強大な敵のウラをかくのか、それが民衆の命題だ。……今日は生きた。でも明日になれば何が起こるか分からない。そんな場所では、人々は問題解決のアイデアを持たなければならなくなるのは当然だ」

「同時にサッカーにおいて最も大切なものもアイデアだ。アイデアのない人間もサッカーはできるが、サッカー選手にはなれない。でもアイデアは練習だけでは身に付かない。鍛えられない。バルカン半島からテクニックに優れた選手が多く出たのは、生活の中でアイデアを見つける、答えを出していくという環境に鍛えこまれたからだろう」

人生の深淵《しんえん》を見たオシムのこのような痛切な言葉に出会うと、ではバルカン半島ではない平和な島国日本に育った若い選手たちは、どんなサッカー選手として成熟していくのだろうか、とついつい考え込んでしまう。

実は『オシムの言葉』のこの文庫版には、オシムが日本代表の監督になり、2010年W杯南ア大会へ向って走りだし、着々と準備を進めていた矢先、突然、病気で倒れるまでの一年半、いわば濃密な〝オシムの時間〟が新たに取材され、増補されている。

「一年前に私は『日本化』という言葉を使いましたが、日本人が大事にしているメンタリティーや慣習の中には、教わり学ぶ、という人と人とのよい関係を妨げる要素もあるようですね。……一つ例を挙げれば〝曖昧さ〟でしょうか。私は日本人に、あまり責任や原因を明確にしないまま次に進もうとする傾向があるように思います」という日本人

認識をもって進めるオシム・サッカーは、

「今おこなっていることは、一見、過去に戻っているように見えているかもしれません。しかしそれは、過去の日本代表チームが、他の国のチームの模倣をして、ある意味で『行き過ぎた』部分があったために、それを修正しているだけのことです。日本のサッカーは、今のままでは〝日本人のサッカー〟に辿りつくことができません。原点に立ち返り、改めて『日本人にしか出来ないサッカー』を作っていくことが必要なのです」――何という明晰、説得力のある言葉だろうか。

木村元彦さんが新しく書き加えた最終の章には、川口能活、中村俊輔、阿部勇樹など、オシムのもとでプレーした選手たちがたくさん登場する。驚くべきことは、彼ら一人一人が、オシム監督の意図と言葉をよく理解し、オシムのように、生き生きと自由奔放に語っていることである。若い選手たちも、練習や試合を的確に分析し、新しいサッカーをどう生み出していくかについて、よく語る。ついに、確固とした自分の言葉をもち始めた、と思わせる。この幸福な〝師弟関係〟の中から、21世紀の「和魂洋才」の新しいかたちが見えてくるのではないか。大きな期待をもっていたので、かえすがえすもオシムの代表監督離脱は残念でならない。

オシム監督は何よりも言葉の人である。ユーモアがあり、皮肉屋であり、寸鉄人を刺す鋭さがあり、それらはすべて精緻《せいち》な観察力と豊かな経験から紡ぎ出される珠玉の言葉である。どの言葉をとっても深い含蓄がある。

よく鍛えられた木村元彦さんのインタビューは、オシムからみごとな言葉をひき出している。そんな個所は多々あるが、私がもっとも好きな個所は――

「――監督は目も覆いたくなるような悲惨な隣人殺しの戦争を、艱難辛苦《かんなんしんく》を乗り越えた。試合中に何が起こっても動じない精神、あるいは外国での指導に必要な他文化に対する許容力の高さをそこで改めて得られたのではないか。『確かにそういう所から影響を受けたかもしれないが……。ただ、言葉にする時は影響は受けていないと言ったほうがいいだろう』オシムは静かな口調で否定する。『そういうものから学べたとするのなら、それが必要なものになってしまう。そういう戦争が……』」

この用心深さ、というより見識の深さにただただ感心する。これは経験至上主義ではない。こういう見識を引き出した質問に感心する。

つきつめれば、人間は自分の経験からしか人生は学べない。サッカーも同様だろう。自分の経験をたえず反芻《はんすう》するしか、人間は前へ進めない。しかし、そうであればあるほど、経験の絶対化が生じる。経験の徹底的な私有化だ。かたくなに自分の経験を守り、無理矢理人に押しつける。人生において、それはしばしばお目にかかる現象だ。サッカーもまた、同様のことが起こりやすいだろう。スポーツは公共財だ。プロスポーツは殊にそうだ。「公」と「私」の関係が、つねに問われる。いかなる意味でも、私有化されてはならない。

オシムは自分の経験を大事にしながら、絶対化していないように見える。戦争が必要となってしまうような経験を、絶対化して人に押しつけない。経験に根ざした確固とした人生でありながら、その経験を客観化し、自由に離れて見る余裕が感じられるのだ。

「――あなたの中には敵地であろうが、守備的にゲームを進めるという発想自体がないのか。『攻めるかどうかというのは、人生の哲学とも関わっている。プロの世界だから結果は大事。内容が良いかどうかよりも、やはり勝ち負けが注目されるし、それがプロでもある。そういう意味で、人生の哲学と関わってくるのではないか？

私が思考するのは、観客やサポーターはいったい何を望んでいるのか、そして何が目的なのかということです。サッカーとは攻撃と守備から成り立っているもの。その要素の中でいろいろな方法論をとることができるが、私としては、いる選手がやれる最大限のことをして、魅力的なサッカーを展開したいと考えている。そういうサッカーを目指すには、リスクが付きものです。しかし、現代サッカーがビジネス化し大きなお金が動くからといって、そのリスクのほうを狭め、大きなお金のためにサッカーをしていたら、そのサッカーは面白いものになるのだろうか？　すべてのチームがそういうサッカーを展開し、ほとんどの試合が0－0になったらどうか？……観客が満足するようなことに挑戦することこそが、大切なことだと私は思っている』」

お金のためではなく、観客のためのサッカー。オシムは実にシンプルにそう言い切っている。これぞプロ！　である。

「私の人生そのものがリスクを冒すスタイルだった」というオシムは「この〝リスクを冒す哲学〟を、私個人だけではなく、千葉の選手たちと共有し、ともにやっていけるのかということです」。これが日本代表チームでもやりたかったサッカーだろう。いわば集大成としてのオシム・サッカーをやりかけて、その道のほんの入口で倒れてしまったオシム監督は、どんなに無念であったろう。

大金が稼げるからプロ、ではない。ファンが満足する魅力的なサッカーを、どこまでも追求する、それこそがプロだ、とオシムは言うのである。詩人のまど・みちおさんがあるインタビューで「〝私の中のみんな〟が私に詩を書かせているような気がする」と答えていたことを思い出す。オシム監督も「〝私の中のみんな〟が、私にサッカーをさせる」と言うのではないか。そういう大いなる受身が、「みんなを満足させるサッカーを目指す」という能動へと、劇的な転回をとげるかたちを、オシム・サッカーに見ることができるはずだった。

そんなあれこれを考えさせてくれたのが、木村元彦さんの『オシムの言葉』であった。この本はまちがいなくサッカーについて書かれたものであるが、読んでいるうちにサッカーを超えた、人生の切実なものに触れてしまう書物となっている。そんなスポーツの書が出たことを、心から喜んでいる。

集英社文庫

オシムの言《こと》葉《ば》

2008年5月25日　第1刷　　定価はカバーに表示してあります。

著　者　木《き》村《むら》元《ゆき》彦《ひこ》

発行者　加藤　潤

発行所　株式会社 集英社

東京都千代田区一ツ橋2-5-10　〒101-8050

電話　03-3230-6095（編集）

03-3230-6393（販売）

03-3230-6080（読者係）

印　刷　大日本印刷株式会社

製　本　ナショナル製本協同組合

フォーマットデザイン　アリヤマデザインストア　　マークデザイン　居山浩二

ISBN978-4-08-746301-9 C0195